全域旅游理论与实践研究

陈曦/著

吉林美术出版

图书在版编目（CIP）数据

全域旅游理论与实践研究/陈曦著.--长春:吉林美术出版社,2017.5

ISBN 978-7-5575-2387-9

Ⅰ.①全… Ⅱ.①陈… Ⅲ.①旅游业发展—研究—中国Ⅳ.①F592.3

中国版本图书馆 CIP 数据核字(2017)第 095018 号

全域旅游理论与实践研究

作　　者：　陈　曦　著

责任编辑：　于丽梅

装帧设计：　姚　旭

封面设计：　姚　旭

开　　本：　880mm×1230mm 1/32

印　　张：　5

字　　数：　100 千字

印　　数：　1-3000 册

版　　次：　2017 年 5 月第 1 版

印　　次：　2023 年 8 月第 3 次印刷

出　　版：　吉林美术出版社

发　　行：　吉林美术出版社图书经理部

地　　址：　长春市人民大街 4646 号

印　　刷：　廊坊市海涛印刷有限公司

ISBN 978-7-5575-2387-9　　定 价：30.00 元

前　言

随着生活水平的提高，旅游者兴趣更加多样化，很多人选择到城市、乡村等地休闲度假，私家车的普及和带薪休假制度的完善更使得旅游者改变了传统的景点旅游方式，从而突破了景区围墙界限，形成了无围墙的大旅游趋势。全域旅游是顺应全民旅游和个人游、自驾游时代的必然选择，也是接下来一个时期旅游业供给侧改革的重要抓手，同时还与区域经济发展、农村经济、扶贫开发等密切相关，已被上升到了国内旅游业改革发展战略方针的高度。

本书共六章。第一章全域旅游概述，第二章旅游可持续发展理论与战略，第三章生态旅游研究与可持续性的实践途径，第四章徒步旅游理论与实践，第五章乡村旅游理论与实践，第六章全域旅游 O2O 营销模式研究。

本书由陈曦著。在编写过程中，笔者参阅了大量的相关专著及论文等，对相关文献的作者，在此表示感谢。由于编写时间仓促，书中难免存在不妥之处敬请各位专家、学者、读者批评指正。

目录

第一章　全域旅游概述

1.1 选题的背景与意义

2015 年 8 月，国家旅游局局长李金早在全国旅游工作研讨会上首次明确提出全面推动全域旅游发展的战略部署。2016 年初，国家旅游局发布首批"国家全域旅游示范区"创建名单。一时间，开展全域旅游工作成为全国各省、市旅游主管部口的重要任务，广泛的媒体报道也使得"全域旅游"这一词汇成为旅游业界的新概念和新方向。

"全域旅游"并不是一个新名词，早在 2013 年北二外的历新建教授就曾提出这一概念，此次李金早局长将"全域旅游"提高到了全新的高度。"全域旅游"的概念产生于以下时代背景：一是景区泛化的"大旅游"。随着生活水平的提高，旅游者兴趣更加多样化，很多人选择到城市、乡村等地休闲度假，私家车的普及和带薪休假制度的完善更使得旅游者改变了传统的景点旅游方式，从而突破了景区围墙界限，形成了无围墙的大旅游趋势。二是国民休闲的"大市场"。大众休闲时代来临，国务院颁布《国民旅游休安纲要》，大众出游时间更有保障。三是产业升级的"大产业"。我国第三产业（服务业）占 GDP 比重已超过第二产业，旅游业作为现代服务业的重要产业，理应在产业升级过程中发挥更大作用。

根据李今早局长在《全域旅游大有可为》一文中的论述，全域旅游是顺应全民旅游和个人游、自驾游时代的必然选择，也是接下来一个时期旅游业供给侧改革的重要抓手，同时还与区域经济发展、农村经济、扶贫开发等密切相关，已被上升到了国内旅游业改革发展战略方针的高度。全域旅游在当前政策的指引下，将带领我国旅游业走向全新发展道路。将实现从景点游到目的地游、从门票经济到全域经济的转变，将给目的地地区的产业融合和经济转型带来不可忽视的影响。当前我国旅游目的地全域化水平比较低，基本景区为中心，围绕景区建设旅游配套设施。因此目的地产品与服务拥有很大的缺口和提升空间，也将带来巨大机会。

2016 年起，我国旅游开始从"景点旅游"向"全域旅游"转变，旅游业是当今世界最具发展潜力的新兴产业之一。进入 21 世纪以来，全球旅游业的格局发生了巨大的变化，亚太地区跃居世界第二位，欧洲、亚太地区和美洲三足鼎立局势真正形成。世界旅游及旅行理事会发布的最近报告显示：未来 10 年里，世界旅游业对全球经济增长的贡献还会持续，无论是生产总值还是创造就业机会，旅游业都将发挥愈加重要的作用。中国作为世界旅游发展的新亮点，备受关注。统计表明：2011 年，中国入境过夜游客达 5758 万人次，出国出境旅游达 7025 万人次，有 26.4 亿人次的我国国民通过各种形式在国内旅游。"十一五"时期新增旅游直接就业约 300 万人，带动间接就业约 1700 万人。国际方面显示：在 1999 年，新西兰的入境游客只有 2 万人，而目前，新西兰的入境游客已经达到了 20 万人。其中，30%的增长来自中国市场。马来西亚槟城旅游局官员也表示，2011 年，仅仅是从广州飞到槟城（马来西亚旅游城市之一）的旅客就较上年度增长了 48%。因此，中国是马来西亚一个极具增长潜力的市场。"十二五"期间，我国旅游业将全面进入了大众化发展阶段，预示着机遇与挑战并存。

到"十二五"末，我国国内旅游人数预计将达 37 亿人次，旅游将成人民群众广泛参与的行业，将与提高国民福祉密切相关的旅游产业建设成为国民经济的战略性支柱产业势在必行。中国经济正处在关键的转型发展阶段，未来十年也将是中国旅游业的战略转型期。高速的经济增长为旅游业大发展带来巨大的推动力的同时，旅游业发展中积累的深层次矛盾和问题，旅游业转型升级中带来的新情况、新机遇和新挑战，都迫切需要积极的理论与实践的探索。 欧盟国家是当今全球最早实施可持续发展战略的区域，是全球公认的可持续发展理论和实践的先驱，在可持续发展战略、行动等各方面取得了很多先进的经验，是现代旅游业健康、可持续发展的成功典范。欧盟国家具有丰富的生态资源，具有悠久的历史和优秀的文化。在区域发展过程中，特别是在旅游发展形成规模产业后，注重处理发展与保护的关系，重视历史文化遗产，延续历史文脉，积极发展低碳经济和循环经济，为全球展示了通过科学、积极、有序、可持续发展战略而建立的现代旅游业，并得到了世界的广泛认可。作为当代旅游产业健康发展最具代表性、发展业态最为成熟的国际区域，学习、研究和借鉴欧盟国家旅游业可持续发展的做法将对中国旅游业的未来发展提供许多建议和帮助，将更有助于进一步加快中国旅游业健康可持续发展，加快转变经济增长方式，全面实现可持续发展战略，对构建社会主义和谐社会具有重要的现实意义和积极作用。

通过对国家可持续发展战略、措施以及旅游业持续发展的研究。具体拟通过分析旅游资源开发与保护、旅游产品开发设计、旅游市场运营商的行为，学习旅游产业制度设计、旅游景区规划、政策引导与支持、旅游产品开发与市场运营模式，为我国旅游产业顺利完成结构调整、转型升级，实现可提供高质量的旅游体验和精神福利，以及为我国旅游业持续发展提供参考。

　　旅游业在发展中带来的巨大的经济利益和社会效益越来越被人们所认知。但旅游产业的发展必须是以资源环境作为前提条件，这种资源条件既包括了自然资源、文化资源，也包括了历史遗存资源和人造人文景观资源。旅游业的快速发展带来的最直接的矛盾是巨大市场发展空间和有限的资源环境容量之间的矛盾，是日益提高的旅游者需求与有限的能源之间的矛盾，这是客观存在的。欧盟作为世界第一旅游目的地，伴随其旅游业的发展同样也遇到了环境恶化的瓶颈。中国作为旅游业发展的新兴国家，需要借鉴前人较为成功的经验，以便实现旅游业发展目标的同时尽量降低环境损耗。

　　在我国，发展旅游业已经成为国家新的经济增长点，成为调整经济结构的重要产业，成为许多地方社会经济发展的重要支柱。巨大的直接和间接利益驱动地方政府想尽一切办法、出台多项政策扶持发展旅游业，使之成为带动经济增长、拉动内需、调整结构的得力措施。旅游开发热成为许多利益集团的战略性投资，把对环境、生态、土地、文化遗存等自然资源和文化资源的占有和开发作为投资重点。由于缺少规划的完整性、统一性和权威性，生态平衡问题、环境容量问题、过度开发问题、低水平重复建设问题和现象等比较普遍的存在，使得许多生态资源、文化资源的环境不同程度的受到影响和破坏。这些问题亟须通过旅游产业结构的升级、产品结构的调整来实现经济增长方式的转变，进而实践科学的发展观，建立环境友好型社会，实施可持续发展战略。这是符合全人类共同发展的科学之举，是中国经济平稳较快发展的形势所迫。

　　提供高品质的旅游对于提高国民的精神福利具有深远意义，社会发展体现为物质文明和精神文明的共同进步。伴随着中国经济的持续快速发展，国民对旅游需求日益增长，从各个小长假及"黄金周"国内各景区的"井喷"现象便可见一斑。这种"假日休闲饥渴"表明我国的旅游供给仍然严重不足，出国旅行的游客数量近年来也处于迅猛发展的状态，目的地经济发展增加了很强的推动力，我国旅游业若能提供高品质的旅游体验使游客旅游需求得到有效满足，这将形成供需双方双赢的大好格局。

1.2 旅游业发展进程的历史考察

1991 年 12 月，欧洲共同体马斯特里赫特首脑会议通过《欧洲联盟条约》，通称《马斯特里赫特条约》（简称《马约》）。1993 年 11 月 1 日，《马约》正式生效，欧盟正式诞生。欧盟其实是一个集政治实体和经济实体于一身、在世界上具有重要影响的区域一体化组织。欧盟现有 27 个成员国，人口 5 亿，GDP16.106 万亿美元。欧盟的宗旨是"通过建立无内部边界的空间，加强经济、社会的协调发展和建立最终实行统一货币的经济货币联盟，促进成员国经济和社会的均衡发展"，"通过实行共同外交和安全政策，在国际舞台上弘扬联盟的个性"。在内部建设方面，欧盟实行了一系列的共同政策和措施，如欧盟已经制定了一个单一市场，通过一个标准化的法律制度，适用于所有会员国，保证人、货物、服务和资本的迁徙自由。它保持了一个共同的贸易政策，包括农业和渔业政策及区域发展政策。17 个会员国已通过了一个共同的货币—欧元。在对外政策上，代表其成员在世界贸易组织、在 8 国集团首脑会议和在联合国的会议上发言，维护其成员国利益。1993 年 11 月 1 日，根据内外发展需要，原欧共体的 12 个成员国正式更名为欧洲联盟（简称欧盟），截止 1995 年共有 15 个成员国；2004 年 5 月 1 日增至 25 个成员国；2007 年 1 月 1 日增至现今的 27 个成员国。分别是：英国、法国、德国、意大利、荷兰、比利时、卢森堡、丹麦、爱尔兰、希腊、葡萄牙、西班牙、奥地利、瑞典、芬兰、马耳他、塞浦路斯、波兰、匈牙利、捷克、斯洛伐克、斯洛文尼亚、爱沙尼亚、拉脱维亚、立陶宛、罗马尼亚、保加利亚。在长达 20 年的发展中，欧盟随着几次扩容，其旅游业也取得了长足的发展。1995~2004 年期间欧盟旅游业持续发展，欧盟共有 15 个国家，即奥地利、比利时、丹麦、芬兰、法国、德国、希腊、爱尔兰、意大利、卢森堡、荷兰、葡萄牙、瑞典和英国。欧洲作为世界第一旅游目的地，尽管受到来至北美和亚洲等一些新兴旅游城市的竞争压力，但从 1995—2004 年期间旅游客流量始终呈现增长的态势，2001—2005 年间旅游流量呈波动趋势。根据欧盟统计局的统计，2004 年欧洲接待的总床位数超过 8.6 亿。在这期间，西北欧的欧盟 15 国在吸引游客数量上呈下降趋势，但是其旅游收入却呈现了上升趋势。扣除通货膨胀等因素，这一现象无疑在说明，可持续旅游发展在健康方向上的前进。因为游客数量的减少对于目的地国家而言，是在减轻其环境压力，使其旅游承载力不会承担过大的负荷，能够得到一定程度上的缓冲。而旅游收入的增加可以归结为过夜游客在该目的地国家的旅游时间在延长、旅游消费上升或者是这些国家新型的旅游模式（如会议旅游、商务旅游、节事娱乐旅游等）正确适当的开发和运用的原因。 在 1995—2004 年期间，排名靠前的十大旅游目的地分别为：西班牙、意大利、法国、奥地利、英国、德国、希腊、荷兰、葡萄牙和爱尔兰。与以往相比，西班牙和意大利、法国一直保持着前三名的优势，西班牙在 2004 年超过了意大利，以 1.397 亿人次过夜数居全欧洲之首位。约 86.3%的过夜游客都集中在上述 10 个国家。在旅游目的地国家方面，可以将欧洲国家分为三类：一是被成员国国家居民视为首选旅游目的地的国家，法国、西班牙、德国、意大利属于这一类；二是只被某一个成员国家视为首选目的地的国家，捷克、希腊和斯洛文尼亚属于第二类；第三类是对任何成员国居民的吸引力都不大的国家。

西班牙是欧洲最重要的旅游目的地之一，而且也是欧盟 15 国内表现最好的国家，其国际入境旅游收入与本国居民出境旅游支出的比例为欧盟 15 国中最高，这说明其旅游发展较为平衡。西班牙近年来越来越成为欧洲的主要客源国，出境游成为一大热点，这与其经济逐步复苏有着直接的关系。在 1995—2004 年期间，西班牙旅游的国际旅游吸引力上升速度较快，国际出境游客数和入境旅游业收入都有快速的增长，但收益上升的速度低于入境游客的增加速度，这意味着与其他目的地国家相比，西班牙面临着旅游可持续发展的挑战，因为游客的入境会带来大量的旅游成本支出。西班牙接收的欧盟其他 14 国的入境游客人数与国际入境游客数的比例保持上升态势。这意味着西班牙的入境游客以欧洲境内游客为主。尽管国际入境游客数量增长很快，但其旅游业对国家 GDP 的贡献率却没有明显变化，这意味着旅游业的边际收益率不高，甚至比不上其他工业产业。因此，尽管从排名的表现看，西班牙的旅游业处于稳定发展状态，但其国际入境旅游收入与本国居民出境旅游支出的比例却在逐年下降。这说明留在国内的可供支配收入在减少，这种不平衡状态对于西班牙旅游业的未来发展是不利因素。

意大利同样是欧洲乃至全球的著名旅游目的地。近年来的数据比较表明，意大利越来越推动了其在国际市场的首领地位，成为重要的旅游客源国。从 1995—2004 年的数据来看，意大利旅游国际吸引力在缓慢下降，表现为其国际入境游客数量在减少，但入境旅游业收入却急速下降。与欧洲其他国家相比，意大利入境旅游收入的增长速度低于其游客量的增加，这势必造成意大利较大的旅游成本支出，进而使其面临着严峻的可持续发展挑战。作为世界上的主要旅游目的地，意大利来自其他欧盟 14 国的入境游客数与国际入境游客数的比例在下降，也就是其接待的游客越来越多的是来自欧盟 15 国之外的其他国家。虽然国际入境旅游人数在增加，但入境旅游业对意大利的国家 GDP 的贡献却表现出下降的趋势，这主要是意大利的入境游客中过夜人数在减少造成的，更多可能是背包旅行者。同时，意大利的国际入境旅游收入与本国居民出境旅游支出的比例在下降，原因在于意大利近几年表现强劲的是客源国市场，更多的意大利人选择比以往更多的出境旅游。

法国和西班牙一样是欧洲主要的旅游目的地，而且一直是欧洲主要的客源国，这一状况在 1995—2004 期间没有明显变化。在此期间，法国旅游的国际吸引力在缓慢下降，国际入境游客数和入境旅游收入都在下降。与欧洲其他国家相比，法国的入境旅游收入增长速度低于其游客数量的增长，这同样使法国面临着可持续发展的挑战，因为游客的入境量增加会使法国旅游业的成本支出增加。法国的入境游客中，尤其是夏季主要是欧洲范围内的游客为主，所以同西班牙和意大利相比，其入境游客数量与全国游客数相比很低。虽然国际入境游客数在下滑，但是入境游对法国的国家 GDP 贡献率却保持了上升的态势。应该说法国的旅游业边际收益率比起其他工业产业而言，还是越来越重要。（2004—2006 年）在此期间，一个重要的变化就是欧盟的成员国增加到 25 国。欧盟在原来 15 国的基础上又增加了地中海的两个岛国塞浦路斯、马耳他及中东欧的 8 个国家，即波兰、匈牙利、捷克、斯洛伐克、斯洛文尼亚、爱沙尼亚、拉脱维亚和立陶宛。

在此阶段中欧盟有 4 个候选国，即保加利亚、罗马尼亚、克罗地亚和土耳其。这一期间，欧盟旅游业的发展集中表现为欧盟东扩对旅游业带来的影响。

随着这 10 个国家的加盟，欧盟旅游业产生了飞速的发展。新加入欧盟的东欧 10 国都拥有较为丰富的旅游资源，旅游业发展潜力较大：爱沙泥亚、拉脱维亚、立陶宛等国拥有多处未被破坏的自然环境和汉塞亚特文化遗产；波兰以山区资源出众，绵延的海岸线适合开发沿海旅游等，由于旅游产品价格便宜，波罗的海地区三国的旅游业近来持续增长；马耳他和塞浦路斯已经是比较成熟发达的旅游目的地了。旅游基础设施得到明显改善，入盟使东欧地区旅游发展的障碍得以缓解。交通系统、旅馆、餐饮等基础设施是旅游业发展的主要构成部分。以往，东欧地区由于各项基础设施的陈旧和滞后，使许多游客只能望而兴叹。加入欧盟后，各国政府将从欧盟政府获得可观的旅游发展资金，有了这些资金的支持，东欧可以很快对各项基础设施进行改造和扩建，铺设网络等。打破原来"酒香却因巷子深"的局面，使得丰富的人文资源得以充分利用。入盟的另外一好处是，原来不为人所知的旅游目的地都得到了一次免费全球宣传的机会，迅速扩大了其知名效应。27 个成员国期间欧盟旅游业的发展（2007 年至今）2007年欧洲旅游业仍然保持上升的势头。2007 年欧洲旅游市场比 2006 年扩大了近 4%，尽管在 2008 年经历了金融危机，但由于 2008 年上半年旅游业发展承接了前一年的累积效应，因此从数据看 2008 年上半年，无论旅客数量还是旅游业收入方面都有较大的增长。长假出行人数有所波动。从 2008 年 10 月开始受金融危机的影响，商务出行数量有所减少。因此，2008年下半年欧洲旅游业的增长较上半年放缓，但仍保持了与 2007 年同期基本持平的水平。从全年来看，2008年金融危机并没有对欧洲旅游业产生明显的负面影响。由于本次危机与以前的危机有所不同，在2009年，全球经济并没有明显回暖，虽然美国和一些新兴经济体政府都为促进尽快复苏做了大量的努力，但从全球来看，经济增长速度是在放缓，受其影响，2009年，欧洲的商务旅行数量大大减少，而出境的长期度假旅客数量与前期相比没有下降（表3—1）。而自2011年起，长假出行人数呈现增长趋势，数据显示：欧盟25国的长假出行人数在年度变化率自2011年"转正"，且在2011实现了近1个百分点的增加，相比2010年增长近3个百分点，增速较为明显。通过数据深入分析可以看出，新老成员国的长假出行人数在整个期间波动情况有所不同：欧盟15国（老成员国）的波动要明显低于新成员国，说明老成员旅游业发展较为成熟稳定，对外部冲击的反应能力较强。除了对旅游目的地过夜游客数量进行分析外，我们也对旅游目的地的旅游强度进行了统计分析。旅游业发展的同时不能忽视其与环境承载力的相互关系，旅游强度指标一方面可以反应该目的地的旅游承载情况，同时也能反应该目的地对游客的吸引力。旅游管理部门通过该指标的数值变动来制定相应的旅游发展规划，以保证旅游开发的同时实现生态和社会的协调发展。旅游强度前五位的国家均为新成员国，依次为：马耳他、塞浦路斯、奥地利、克罗地亚、冰岛。这些新兴旅游目的地的旅游强度值远高于欧盟27国的平均水平，而老成员国中的老牌旅游目的地西班牙、意大利、法国和德国的旅游强度则远远低于这些新兴旅游目的地。这一方面说明这些新兴旅游目的地由于拥有独特的旅游资源，近年来开发出许多使游客有兴趣的旅游产品，借助这些旅游吸引物招致了数量巨大的游客，为这些新兴旅游国家创造了大量的经济效益，但同时也应引起注意的是，对持续高涨的旅游强度要有防范意识，旅游业不只是为追求经济效益，更应该从持续发展的视角去思考规划开发旅游目的地，避免为了短期经济效益而致使环境、生态受到破坏，彼时的治理代价可能不是经济指标能度量的。

2006 年，约有 180 万家企业活跃在欧盟旅游业。所有旅游公司中，有90%位于欧盟 15 国。这意味着，旅游企业主要集中在老会员国。其中，西班牙有近 30 万家企业，是欧盟 27 国中旅游公司数量最多的国家。老成员国中的西班牙、意大利、法国、德国和英国等五个国家所拥有的旅游公司数量占欧盟所有旅游企业的 65%。在新成员国中，波兰和捷克共和国的旅游企业数量较多，约占到总量的一半左右。按每 1 万名居民拥有企业的数量来衡量，塞浦路斯的旅游企业密度最大。住宿业的结构因旅游目的地不同而有所不同。例如对目的地的具体位置而言，在较大的城市大型连锁酒店分布数量较多，在更多的农村地区，旅游旺季是许多微型企业在提供住宿服务。在不同的成员国之间的出行习惯的差异可能解释在市场结构的差异。例如在英国，旅游经营者有比在其他会员国的旅游业更加重要的位置。英国游客比其他欧洲国家的游客更偏好长途旅行，但英国的地理位置是岛屿，因此使英国消费比法国消费者更依赖大型旅游运营商，原因是法国人更喜欢在本国度假旅游。

这一期间，欧盟旅游业虽然受到金融危机的冲击和影响，但对经济发展的贡献率仍然是很大的。这主要表现在旅游业吸纳劳动就业情况和旅游业营业额情况两个方面

金融危机与债务危机影响下的欧盟旅游业，金融危机使欧盟旅游业发展速度放缓。在世界范围内，在 2009 年 1 月到 4 月期间国际入境旅游人数下降了 8%。2009 年，由联合国世界旅游组织为国际旅游业的前景报

告预测下降 4%—6%。2005—2007 年之间在欧盟 27 国的国际入境旅游人数每年上升 4.8%，在 2008 年上半年还是在增加。然而，在 2008 年前 6 个月里，国际入境旅游人数出现负增长。展望 2008 年全年的，国际旅游人数已出现增长趋势（与 2007 年相比，全球上升 2.3%），而欧盟 27 国定居人数遭受停滞。停滞主要是由于两个北欧及西欧和南欧国家的国际入境旅游人数停滞带来的负面表现。在 2008 年的前二个季度，在大多数国家的入境旅客总数已出现增长，但第三季度和第四季度的数字显著回落。2009 年 1—4 月间，国际入境旅游人数下降 10%，其中中欧和东欧的目的地是受灾最严重的。根据现有的信息，斯洛伐克受到了严重的影响：前四个月下降 28%，2009 年全年总体下降 18%，不过消费者信心在 2009 年 4 月和 5 月比年初有所回升。观察与事实相结合，旅游组织预计欧洲在国际旅游 5%—8%的负增长。除了欧洲，中东也受到严重打击。对即将到来的夏天充满了期待，因为学生的假期到来可能增加旅游者人数。因此在未来几个月的旅游者人数的数字可能会变得乐观，但是逗留的时间较短，花费较低。 欧洲旅游的不同客源市场在 2009 年增长放缓。金融和经济危机也造成了到欧洲旅游的主要客源市场的转变，从 2009 年的数据的多数指标可以看出，2009 年前两个月的收缩在扩大和深化，直到夏天，欧洲内部的旅游才有了改善的期望。总的趋势似乎是欧洲内部市场的整体下滑。意大利、荷兰和塞浦路斯是表现出积极的增长势头的目的地；相反，英国、德国和法国与 2008 年相比都在下降，西班牙今年上半年外国游客数量下降了 11.4%。瑞士联邦统计局公布的统计显示，2009 年上半年，瑞士酒店入住天数同比下降 7.4%，其中游客入住天数下降 9.4%。瑞士酒店上半年的入住天数中，瑞士游客为 720 万天，外国游客为 980 万天。外国游客入住天数降幅最大的国家依次是：英国减少 26.4 万天，德国减少 18.8 万天，美国减少 10.2 万天。奥地利吸引旅游者的首要因素是美丽的自然风光、优异的旅游服务以及丰富的文化，但在经济危机的大背景下，无论是外国旅游者还是本国游客，都对奥地利旅游服务价格更为敏感。与 2008 年相比，奥地利旅游业的销售额和过夜人数将全面下降，其中销售额将减少 4%。在 2009 年夏季的前两个月里，奥地利 8 州 1 市共 9 个行政区中，只有东部布尔根兰州的旅游业呈现正增长，其他地区均为增长停滞甚至负增长，首都维也纳首当其冲，上半年旅游过夜人数下降了 7.1%，降为 430 万人次。荷兰作为欧洲增长最强大的 2008 年的市场之一，2009 年稍有增长。节假日包机旅行和长途目的地夏天旅行预订正在下降，但从对消费者调查结果看，可以预期到夏天的预订数量将会较大。

德国旅游业逆势走强，欧债危机令希腊等南欧国家的旅游业遭受重创，但在制造业大国和以实体经济立国的德国，旅游业却保持旺盛增长势头。德国以其发达便利的基础设施、相对低廉的物价水平、安全稳定的社会环境和较高的国民人文素质受到旅游者青睐。在与其他欧洲国家的竞争中，德国旅游业凭借自身优势成为"赢家"。欧洲游客首选德国的理由是德国旅游性价比全欧最高，与此同时，德国旅游部门还增加了众多趣味旅游项目，如城市马车观光等。而德国现代都市风情正在成为吸引众多游客的新元素。2011 年的前 5 个月，到德国旅游过夜的游客人数同比增长 10%。而在 2010 年，首都柏林成为全德国最受游客青睐的城市，到柏林观光游览过夜的游客逾 920 万人次。拥有慕尼黑啤酒节等重要旅游庆典活动的巴伐利亚自由州则在德国联邦 16 个州接待游客数量上排名首位，去年全年接待过夜游客数量达 1500 万人次，而毗邻的巴登符腾堡州和人口最多的北威州分别接待过夜游客逾 890 万人次。赴德的各国游客中有四分之三来自欧洲国家，其中荷兰是最大客源国，2011 年有超过 1000 万人次的荷兰游客到德国旅游住宿，其次为瑞士、美国和英国，游客人数分别为 480 万、470 万和 430 万人次。这四国加上意大利、奥地利和法国在内共七个国家的客源总量占 2011 年德国接待国外游客总量的一半。德国旅游业界反映，2011 年全球旅游业发展并未受到经济危机、自然灾害和政治动乱等因素的影响，而且业内对 2012 年前景普遍看好。德国一些大的旅游公司严格控制经营成本，经济效益明显提高。部分企业预期下一年旅游价格涨幅不大，有的公司宣布将采取降价和让利手段吸引顾客。业内认为，由于美元兑欧元汇率走低，美元区旅游成本将明显下降。但由于燃油费用走高，机票价格有可能上升。

德国最大的旅游公司途易（TUI）称，2012 年夏季，中程旅游价格平均将上升 2%，远程涨幅为 1%，有的旅游目的地如泰国、越南和多米尼加等地甚至还会走低。而行业老二 Thomas Cook 公司则表示，远程旅游价格将平均上升 3%，赴地中海等地价格上涨 2%，赴土耳其、加那利群岛等地增幅达 4%。Rewe 旅游公司总经理 Hartmann 表示，经济增长不明朗对旅游和度假构成的影响有限，消费者似乎并未感觉到欧债危机冲击。仅环地中海危机对旅游业稍有影响，突尼斯、埃及革命令旅游者望而却步，他们转道前往土耳其、保加利亚、希腊。

欧盟将旅游业作为提振经济的希望，2008 年的经济危机对旅游业产生的负面效应在 09 年开始逐渐显现。主要表现为传统旅游目的地受到了较为明显的影响。而各国都相继拿出了重要举措以应对危机的影响，加大旅游宣传促销，开发新旅游产品以吸引更多的境外游客，中国游客是欧盟各国主要的营销对象。 放宽签证规定吸引更多中国游客。欧盟主要旅游目的地国家均放宽了对中国游客的签证。德国推出新签证规定：频繁旅行者或可免面试。随着德国作为商务旅游和休闲旅游目的地越来越受到商务人士和旅游爱好者的关注和热爱，同时越来越多便捷的直飞航空线路和汇率优势使得今年中国游客前往德国的旅游热度依旧不减，德国推出了方便一些频繁出国的旅游者能够快速申请到申根签证的规定。 英国为吸引中国游客调整签证申请规则。为吸引更多的中国游客来到英国，内政部正考虑对来自中国的签证申请规则进行调整。而此次签证规则的调整也是奥运会后英国加大对中国进行旅游业推销的一部分。这一计划的最终目标是在今后 3 年把中国访英游客的数量增至目前水平的 3 倍。具体的一些改动包括：在夏季签证申请的高峰期，增加 150 个签证官工作岗位。为简化申请步骤，会推出网上申请表格。72 家旅行社会针对"英国游"推出特别的旅行套餐。会对中国境内北京，上海和广州三个最为繁忙的签证申请中心进行"服务升级"，为需要高端签证服务的客户提供 VIP 贵宾服务。此外，网上出现了中文版本的签证申请表格填写指导，就签证申请，提供免费的电话咨询以及邮件咨询服务。据统计，目前每年前往英国的中国游客数量多达 15 万人次，内政部部长们希望能在 2015 年间将增长到 50 万左右。中国游客数量的大幅增长预计会为英国多带来超过 5 亿英镑的收入，同时会另外创造出 1.4 万个新的就业机会。 航空公司进一步降低旅行成本。良好的交通条件是成功的关键。一座城市能够成功地吸引游客将其视作旅游目的地，一个十分关键的因素是交通条件。一座城市如果能够乘坐飞机轻松抵达，那么这座城市在吸引众多游客方面就拥有很大的胜算。在这方面，低成本航线非常关键。航空条件对一座城市能否成为重大会议的举办地也会产生影响，直航线路少于 60 条的城市在交通条件上不具优势，这使这些城市成为会议举办地的次优选择。相反，直航线路数在 60 条到 180 条之间的城市则在近些年来成为最佳的会议举办地之选。柏林之所以能够成为欧洲最重要的旅游和会议中心，在很大程度上得益于其完善的旅游交通战略。

欧洲旅游业历史悠久，相对世界其他地区具备明显的比较优势。欧洲地区拥有大量旅游资源，欧盟及各国政府重视旅游业发展，给予大量支持政策。伴随欧盟一体化的实现，建立了与旅游业发展相关的结构基金，首先对旅游业予了了大力援助，尤其是 ERDF（欧洲区域发展基金）、EAGGF（欧洲农业保障基金和指导基金）在 1989 至 1993 年分别向欧共体提供了23 亿美元基金。有了资金的支持，使欧盟旅游业发展步伐明显加快。机制创造了旅游的便利性，促进旅游业发展。《申根协定》将其成员国变了一个统一的旅游大市场，使各国可以共享旅游客源。这首先增加了欧盟成员国内部的旅游者数量。截止目前，欧盟旅游中占大比重仍是欧洲内部旅游，游客以往的出境旅游现在相当于境内旅游，这样很多原来需要的繁杂程序现在全部化为乌有，便利性大大提高。近几年，欧盟一直致力于吸引更多的欧洲境外游客，以往由于某些繁琐、费时的手续及高昂的费用使得大量欧洲及在欧洲其他国家旅游的游客减少或放弃游历多个国家的机会，较高的便利性确实对欧盟旅游业的持续发展起到了促进作用。

欧盟扩张过程中为旅游业发展带来了新的机遇。欧盟东扩，使地理上的东欧各国也成为欧盟大家庭中的一员，而这些国家普遍拥有丰富的旅游资源，入盟前主要旅游基础设施落后甚至各国政府重视程度不够，使其旅游发展处于较低水平。加入欧盟后，东欧各国得到了大量来自欧盟的发展资金支持，这批资金首先投放到各国基础设施建设中去，使得旅游目的地可达性增强。另外，新入盟的国家在旅游业发展方面有可直接借鉴的发展典范，因而快速完成了旅游业的振兴，在此过程中相应区域居民的生活水平也有明显提高，形成了良性发展的势头。东欧成员国中不乏拥有世界罕见的湿地、原始森林、稀缺植被和珍惜动物的旅游景区，这些优势的旅游资源在欧盟政府政策和资金的大力支持下很快迸发出活力。欧盟旅游业的经济贡献较为显著。具体表现为旅游业的从业人数逐年增加，旅游企业数量及其营业额近年来始终保持增长趋势。即便是在 2008 年金融危机及欧洲债务危机包围的情形下，欧盟各国旅游业发展并未受到较大负面影响，甚至有些主要旅游国家呈现出逆势走强的态势，旅游业成为欧洲国家提振经济的强心剂。欧洲各国政府也把旅游业作为推动经济复苏的主要动力，纷纷出台相应的政策措施大力促进旅游业发展，致使经济危机影响下的旅游业发生"结构"转化，总量没有减少。欧洲境外游客中，来自金砖四国（指巴西、俄罗斯、印度和中国）的游客人数超过 300 万人，是其他国家游客人数的两倍；2011 年四国仅在意大利消费达 18 亿欧元。而四国中，中国旅客所占比重日益增加，中国游客正在成为欧洲入境游客的主要构成部分。

1.3 国内外研究现状综述

从研究主体上看，国外对欧盟旅游业的研究大体上可划分为两个方面：一方面是世界性或区域性组织机构的研究，一方面是大学学者的研究。二者研究的领域、内容各不相同且各有特点。世界旅游组织的研究，世界旅游组织、世界旅游及旅行理事会和世界经济论坛等对全球各地区的旅游发展给予了极大的关注。世界旅游组织（World Tourism Organization）作为联合国负责旅游问题的专门机构,该组织在促进旅游产业稳定、持续和普遍发展方面起着重要的作用。作为世界性组织,其关注点不只聚集于旅游发展较为发达的地区和国家,对发展中国家在全球旅游产业中的利益问题同样予以高度重视。该组织通过发布"旅游市场发展趋势"系列报告,定期对世界各个区域、次区域和国家旅游发展趋势给出总结性和预警性的研究报告。其报告内容涵盖了国际方面的旅游数量、旅游收入、旅游目的地、旅游消费国等排名情况,计算并通报世界各主要旅游国家在国际旅游市场上的市场份额短期变动情况,对旅游产业的长期发展趋势给出及时的预测预报。每年出版发行的《旅游统计年鉴》是该组织绘制编撰的代表性成果之一,年鉴中会提供约200个国家的国际游客到达人数、过夜人数、旅游收入等详尽数据,以供全球旅游研究者研究使用。此外,该组织还通过在每年的 1、6、10 月定期发行《世界旅游晴雨表》的出版物对世界旅游产业发展趋势的监测结果给予阶段性的汇总报告。旅游是全球最大的产业,其发展与航空、酒店、旅行社等行业密切相关,共生共存。因而,世界旅游组织对旅游产业整体进行细致观测与预报,并集聚了相关旅游专家对该产业的绩效评估报告。欧盟作为世界重要旅游目的地,一直以来都是世界各个旅游研究组织的主要研究对象。近年来,随着世界各个区域,如东亚、美洲等地区旅游业的迅速发展,世界旅游研究组织亦在适时总结汇报各地区旅游业发展的比较研究成果,并对世界各地区旅游发展质量给出评估。围绕世界旅游组织的千年发展目标及可持续发展规划,对各地区旅游所创造的经济效益、环境影响以及生态保护方面进行综合总结。 世界旅游及旅行理事会(WTTC)是全球商业的领袖论坛,包含世界上近一百个最著名的企业的总裁、董事长和首席执行官。它是代表世界旅游和旅行业的各类私营企业的唯一载体。WTTC 的宗旨为提高对旅游和旅行业所造成的巨大经济影响——世界财富和就业的最大创造者的认知。 WTTC 鼓励政府通过接受理事会的政策框架来发展和开发可持续性的旅游业及其潜力。该组织每年发布"旅游经济影响报告",同时该组织还利用其旅游卫星调研(TSA),利用数据来向世界解释世界旅游及旅行行业的重要性。其中包括旅游行业对 GDP 以及就业产生的影响,目前 TSA 已被联合国承认并采纳。每年为全球近 200 个国家进行旅游统计并提供报告,通过这个活动让各国政府掌握旅游业的重要性并确定接下来的发展规划。欧洲作为世界旅游最重要的目的地,一直是其重要的服务对象,但最近几年,该组织对中国的旅游业同样给予了重要的关注,每年为中国旅游业提供详细的研究报告。"在未来 10 年里,我们期待增长速度会提高到每年 9%,到 2021年,旅游业对中国 GDP 贡献比重会上升到 9.2%。而从就业上来说,包括相关支持部门的就业在内,总人数将从现在的 6500 万人上升到 8300人。"WTTC 在 2011 年对中国旅游业的总结很好地概括了我国旅游业发展态势。

欧盟委员会自从 20 世纪 90 年代中期以来,对欧盟旅游业每一年或两年都有专门的研究报告。先后发表了《影响旅游业的欧盟政策述评:1997—1999》涉及旅游业如何促进就业,如何提高欧盟旅游业竞争力等问题;《影响旅游业的欧盟政策述评:2000》重点研究如何最大效率地发挥欧盟旅游业的潜力;《共创欧盟旅游业的未来》规划了 2001—2005 年或更长时间欧盟旅游业合作的框架。 欧洲旅游咨询委员会成立于 1986 年,1997 年 11 月 4—5 日联合主席团会议/旅游和就业委员会在卢森堡举行,发表了主题为"旅游和就业"的研究报告(就业及旅游:会议的行动指南)。

1998 年 10 月，由所有会员国成员组成的小组发布了"欧洲旅游工作的新的伙伴关系"的报告，并形成了后续措施"加强旅游业和就业的潜力"。欧盟委员会于 2004 年底成立了旅游可持续发展集团，该集团自 2005 年开始工作，并确定于 2007 年起该集团定期发布欧盟旅游可持续发展报告，以提供欧盟旅游可持续发展进程的详细资料。2003 年欧洲委员会为加强欧洲的经济、社会、环境的可持续发展，发布了"欧洲旅游可持续发展的基本方向"，强调旅游业的社区影响政策需要旅游业的可持续发展和保持一定的竞争力。2005 年 2 月，欧盟委员会为落实"里斯本战略"提出了"新的旅游政策"，新的欧盟旅游政策主要目标"迈向一个更有力的欧洲旅游伙伴关系"，新的欧盟旅游政策作为一个主要目的，以提高欧洲旅游业的竞争力，并通过在欧洲旅游的可持续增长创造更多和更好的就业机会。该委员会在 2007 年 10 月，推出中长期为实现可持续和有竞争力的欧洲旅游的长期战略。可持续和有竞争力的欧洲旅游的议程上的通信欧盟统计局出版的《全景本出版物》中的旅游业是第三个版本。它提供了一个欧洲旅游业自 2000 年以来发展的概述，包括在欧盟成员国，候选国及欧洲自由贸易联盟（EFTA）国家，介绍了欧盟 27 个成员国旅游业的三个关键问题：旅游部门在欧洲的主要功能，住宿业的结构，以及欧洲游客旅游模式的演化。

国外大学学者对欧盟旅游业的研究方法主要以定性研究为主，近期有少量的定量研究成果出现。研究内容则偏重于以欧盟某个国家的旅游业发展为研究对象，分析其旅游业的发展状况及产生的相关影响。 伯纳德·特纳（2007）研究了立陶宛自加入欧盟以来国内生产总值和就业的增长情况。分析发现，入盟后立陶宛旅游市场及旅游产品实现了多元化，大大促进了就业，尤其是女性就业数量有了明显的增加。Disez N（2006）在休闲观光农业战略框架下，研究了法国乡村旅游对农业发展的影响。结果表明：农业旅游开发利用区域销售的可能性，加强区域身份可能会使未来的农业旅游变得更为成熟。Sedef & Guelin Beuhan（2007）分析了安塔利亚乡村旅游可持续发展，强调了旅游社区规划对保护建筑物以及提高社区生活质量的重要作用。以捷克共和国在入盟前（2002 年）和入盟后（2004—2006年）的乡村旅游数据为基础，分析了作为某种形式的旅游基础设施的一部分的农村不可移动的文化遗产的开发与保护情况，进而拓展到更大领域的文化遗产保护方面。Ealdis & C.D. Apostolopoulos（2004）以希腊以及地中海地区的其他畜牧产品占经济比重较大的国家为研究对象，分析这些由于结构等方面的限制使得收入水平较低的山区，得出通过结合传统的畜牧产品的商业化提供高品质的山区旅游服务，进而带动山区农业和畜牧业快速发展的结论。J. Kasum & K. Bozic Fredotovic & P. Vidan（2009）通过分析克罗地亚共和国航海旅游港口的开发建设，对航海旅游港口的开发和终止阶段对环境的影响进行了分析，提出了预防和消除环境灾害的措施，以及监测环境状态的方案。旨在从建设源头开始优化航海旅游港口建设对环境的影响。Grgona & Jadranko（2007）研究了欧盟及克罗地亚旅游业的发展战略，得出了在旅游业结构调整过程中，在创新方面加大投入是中小型企业生存的前提条件，而克罗地亚战后旅游业的发展主要受交通条件的影响，大型酒店和度假村在发挥主要作用。Stephen Shaw & Callum Thomas（2006）探讨了英国社会文化活动的活跃导致对航空需求的增长，因而对环境造成负面影响，为使航空业的碳排放符合规定，英国将利用其欧盟轮值主席国（2005 年）的地位，按航空运输的温室气体排放交易计划从其他部门购买碳排放权，而这一策略一直是饱受争议。Tzanopoulos，J. & Kallimanis（2011），以案例分析的方法研究了替代农业政策对希腊山区可持续发展的影响，以可持续发展为目标，对农业政策方案进行了探讨和评估，分析结果表现明：农业自由化发展对该地区有毁灭性的影响，为确保该地区的可持续发展，有必要维持低投入的粗放养殖，促进温和旅游业的发展和提高国家公园的营运效率。此外，为了调和农业衰退、生物多样性和可持续发展，制定政策管理的建议要在多个管理水平、配套政策干预内部和相互之间的进行协调。为维持农业和旅游业之间的脆弱平衡，重要的国家和地区采取干预措施是欧盟农业政策的补充。最后，这项研究表明，情景分析及可持续发展评估相结合，可以提供一个有效的评估管理策略的工具。 欧盟旅游政策以及旅游管理方面的研究成果主要剖析旅游政策的特征以及旅游政策对旅游业发展的影响。Constantia Anastasiadou（2008）分析了欧盟旅游政策的特征，通过对欧盟旅游业政策环境的研究得出：旅游利益集团的存在增加了欧盟旅游政策的复杂性，旅游利益集团对超国家一级的旅游政策影响有难度，但在国家一级的旅游政策制定上会有渗透，由于大量的政策渗透者存在，使得旅游政策的设置更为复杂且具有挑战性。因此，建议进一步调查欧盟旅游的政策环境，使其尽量包含更多的旅游利益相关者。J. Tvrdonova（2003）分析了 SAPARD 计划在斯洛伐克共和国的具体实施情况，表明该计划支持农村经济多样化，特别强调对乡村旅游业的影响相当显著，使斯洛伐克共和国的 GDP、就业有了很大的提高，尤其是基础设施得到了较大的改善。从回顾葡萄酒旅游现象和旅游线路，介绍了葡萄酒旅游线路及基地建设的标准，即"共同宪章"。该宪章是欧盟第一个关于葡萄酒旅游线路的法规，它是保证向葡萄酒旅游者提供良好旅游质量的法律保障。Wehrheim，P（2005）在对欧盟农村发展政策展望和有关农业经济研究影响的研究中，指出在农村发展旅游业能对农业经济发展起到重大的促进作用。 此外，一些学者也从旅游管理角度对欧盟旅游业进行了相关研究。APAK S. & S. Uzunoglu，& AF Acikgoz（2008）建立一个环境保护、旅游消费潜力和旅游财政支出的关系模型，分析巴尔干地区的旅游投资结构以及投资模式，由此建立了一个使环境保护、旅游消费达到最优的财政支出战略规划。卡洛斯·科斯塔，塔玛拉·拉茨（2009）以基于事件的方法分析了欧盟地区旅游业作为农业发展的一种替代行业时，建立农村综合旅游过程中，农村服务提供者在建立信任关系的中介管理中所起到的关键作用。2008 年讨论了欧洲休闲旅游业中旅游信息的提供方式，提出使用一种新颖的交互式多媒体信息系统，该系统将整合卫星影像、GPS 数据、GIS 信息和其他信息的休闲活动和旅游设施。航空和卫星图像，多媒体光盘（数字小册子），将被用来实现可视化的旅游区（产品），并显示在互联网上。Richard H Driehaus 等（2008）提出了旅游经营者可持续发展的供应链管理框架，该框架被设计成一系列行业相关的步骤：从事的业务和政策，可持续发展的供应链管理（SSCM）的业务整合，评估供应商，确定优先行动和评估工作进展。 除了上述定性研究，近年来也有少量学者以定量研究的方法对欧盟旅游业的经济效应进行了分析。Karen Mayor & Richard SJ Tol（2009）用汉堡旅游的国内和国际游客人数和流量模型，估计美国开放天空协议后，旅游业是否增加了二氧化碳的排放量，以及预期增加的乘客数量增加会产生何种影响。仿真结果表明，从美国到欧盟到达的乘客人数将由 1%增加至 14%，这取决于航空价格下降的幅度，因为目的地之间的替代，在跨大西洋的交通增长使全球温室气体排放量增加并不超过 1%。Sebastian（2011）采用数据包括分析的方法，对欧盟 25 个成员国的旅游部门的经济效益进行分析，主要考虑了住宿业和就业两个输入变量的影响，另外考虑了被联合国教科文组织列入"世界遗产名录"的数量，输入变量定义为：在各种类型的住宿游客数量和国际旅游收入，分析结果显示：在欧盟 25 个成员国中，只有 9 个被认为是有效的，而在传统旅游目的地中，只有法国是有效的。西班牙，意大利，英国或德国等传统旅游目的地则不被包含在内。在第二阶段，基于多维尺度（MDS）的输入和输出，考虑目的地国家的效率值是用于区分不同旅游目的地国家的经济效益差异。结果在不同旅游集群有表现出明显的差异特征。Belen Rey & Rafael Myro & Asun Galera（2011）利用动态面板数据模型估计低成本航空对西班牙旅游业的影响，估计的弹性系数显著表明：低成本航空的发展对西班牙旅游业产生了明显的直接和间接的影响。

国内的研究动态，欧洲国家比较多，欧盟成员国目前已有 27 个国家，而旅游业的发展往往体现明显的群聚效应。这一方面源于旅游首先是资源依托型产业，这里的资源既包括自然资源也包括人文资源，对于自然资源主要表现为：山脉、河流、岛屿等而这些自然旅游资源往往会分部在多个国家境内，例如，欧盟的阿尔卑斯山脉，几乎在主要的欧洲旅游国家境内都有分部，莱茵河作为欧洲最主要的河流，同样是流经多个国家。因此决定了在对欧洲旅游进行研究时经常出现"纵横交错"的情况。即难以从某个地理角度或行政区划角度完成对欧洲旅游的研究，这使得已有的有关欧洲旅游的研究文献较为零散。主要集中在对某个国家或某几个国家旅游目的地的旅游研究方面。

政策角度的研究：陈守琳（2007）论述了有关阿尔卑斯山区政策对旅

游业的影响，从国家、欧盟和国际组织层面总结了山区政策，分析了阿尔卑斯山区政策在瑞士旅游发展的体现。仇学琴（2007）从欧盟一体化进程中形成的便利条件对欧洲旅游业的促进作用进行研究，分析了交通基础设施、旅游手续办理以及旅游服务等方面在欧盟一体化中的便利性如何促进了欧盟旅游业的发展。《欧盟旅游业的政策基础及目标》较早对欧盟旅游政策进行了研究，文中简单梳理了对欧盟旅游产生影响的相关政策及其预期要达到的"调整产业结构，促进国家间的文化交流，改善旅游业季节性需求明显，降低欧盟国家之间差距"的政策目标。

旅游管理研究：方中权等（2007）以法国为例说明法国旅游办公室在法国旅游业发展中所发挥的重要作用，指出我国旅游业在发展中应强化行业组织及行业协会的力量，优化旅游管理机构的架构，建立合理的旅游服务体系，以促进旅游业的发展。冯翔、高峻（2008）以意大利都灵市为例研究了旅游系统组织模式，强调了大都市旅游城市政府在旅游产品开发及城市规划中的重要作用。 旅游市场运营方面的研究：尹幸福（2004）以他山之石，借以攻玉的视角，分析了欧美大型旅游集团的形成及运营机理，以及政府在旅游业发展中的职能转变，认为在旅游市场较为成熟的发达国家，旅游集团态势较为明显，通常形成了纵向一体化的运营模式，这种运营模式促进了旅游市场的快速发展，创造了大量的经济效益。吴晓隽（2005）专门对欧洲旅游运营商的纵向一体化动因进行了剖析。此外，李万立等（2006）从供应链管理角度研究了欧洲旅行社的运营活动，赵阳（2010）以德国 Studilsus 旅游公司为例分析了德国旅游行的管理模式，作为一个区别于大型旅游运营商的小型旅游社的管理经验可以为小型旅游公司发展提供借鉴。宋立中等（2011）从新型主题旅游产品游船旅游角度研究了欧洲游船的经营策略。吴凡（2007）从旅游对环境影响角度简析了欧洲海岸带环境行为准则。 考察学习资料总结：有关欧洲某一旅游目的地发展经验的总结借鉴文献较为丰富，散存的文献资料多见于各省旅游机构、考察团赴欧考察的见闻感受。如 2010 年杭州赴法国尼斯"旅游目的地管理"专题研讨班在讨论结束后形成了对法国尼斯与我国杭州旅游业发展的比较研究意见，借鉴法国"蔚蓝海岸"的发展经验促进杭州西湖景区的可持续发展。还有部分文献的形成是近年来我国为促进旅游业更好更快发展，每年组织出国考察学习，由此形成了考察报告，主要集中反应了考察目的地酒店、宾馆的服务特点，景区规划以及文物保护措施。对旅游教育培训的研究文献有郭英（2005）在《德国的旅游教育体系概述》中论述了德国高等教育中关于旅游教育的设置，分析了旅游教育体系设置对于旅游人才培养的作用以及对旅游业发展产生的影响，王劲（2003）也简要分析了英国的旅游教育相关问题。 对欧洲旅游的综合性研究成果目前并不多，国内论著有冯翔编著《欧洲旅游：关于产业发展及组织管理的全新研究》，这是研究欧洲旅游发展的最新成果，也是目前为止为数不多的研究欧洲旅游发展的专著，侧重研究的是欧洲旅游业的产业发展形态、特点，介绍欧洲国家旅游组织管理的模式。舒光美编著的《欧盟旅游业跨国合作研究》是以欧盟一体化促成旅游业的跨国合作的角度出发，专题研究旅游市场、政策法规、信息、教育培训等方面合作，从而带来政治、经济、社会等多重效应。从欧盟或国际视角研究旅游业可持续发展的论著主要包括：王伟忠主编的《从战略到行动：欧盟可持续发展研究》对欧盟国家可持续发展的管理与实践作了比较全面的研究和分析，文中专题阐述欧盟生态旅游与可持续发展的相关论述，提出生态旅游是欧盟可持续发展的战略组成部分，是对欧盟国家旅游可持续发展的理论积极贡献。

　　欧洲作为世界最重要的旅游目的地，旅游业是其发展的重要战略性产业，但目前的研究都较为分散，缺乏对欧盟旅游业持续发展的根源与模式的系统性研究，目前仍然没有专门将欧洲旅游产业整体作为研究对象的成果，这就造成了对欧盟旅游业持续发展的整体认识的困难，一个产业发展会受到国家宏观经济政策、环境条件、市场成熟程度等多方面因素的影响。尤其是旅游业作为资源依托型服务类产业，其持续发展有其特殊的机理，欧盟旅游产业给目的地国家和地区带来巨大经济效益，为旅游者提供高质量旅游产品并能持久保持该产业竞争力，同时符合可持续理念，旅游产业包括的"六要素"使其成为全球最大的产业。因此，现有的分散研究只是提供了一个视角，国外的机构研究多是提供了欧洲（欧盟）地区旅游业发展的成就及趋势，而对其持续发展的机理却没有深入剖析。

　　借鉴欧盟旅游业的发展经验不能仅停留在单一目的地分析层面，旅游业是最大的产业，其连带效应十分广泛，无论从其创造产值、解决就业的经济角度，还是满足人类精神需求层面都产生十分重要的影响。欧洲旅游业起步较早，经历了不同的发展阶段，虽然自 2008 年全球经济发生巨大波动，欧盟旅游业发展却没有因此而止步。同样，中国的旅游业也在近几年有了较快的发展，境内外旅游数量都较大幅度的增长，甚至成为某些欧洲国家最大的客源国，中国旅游消费的数据令世界对中国经济持续增长再添信心。我国政府也已经将旅游业视为最具发展力的新兴产业之一，如何能在未来 10 年实现我国旅游产业的结构调整，提供高品质可持续的旅游，提高我国旅游业在全球的竞争力急需相关旅游理论的指导和旅游产业发达地区的经验作为借鉴，对欧盟旅游业进行整体分析，以便结合我国旅游业发展实际寻求旅游业持续发展的模式和策略。在梳理国内外研究动态、相关理论及考察欧盟旅游业发展历程的基础上，重点分析欧盟旅游资源保护与开发、生态旅游开发模式、旅游企业市场运营模式等问题的实现路径、客观效果以及在促进欧盟旅游业可持续发展中所起的作用，旨在为实现我国旅游产业的可持续发展提供借鉴与参考。

第二章 旅游可持续发展理论与战略

可持续发展是指既满足当代人的需求，又不能损害后代人的需求能力的一种注重长远发展的经济增长模式，是科学发展观的基本要求之一。在可持续发展理论的基础上，重点探讨旅游业可持续发展理论及其在欧盟实施的发展战略，为后续各章的分析提供理论支撑。

2.1 可持续发展理论

进入 20 世纪以来，人类社会步入发展的快车道。科技进步大大促进了生产力水平的提高，随之而来是大量物质财富的积累，技术进步使各个领域都比以往对资源的开发利用变得更加便利化。正当人们满怀希望、畅想永恒的明天时，另一个紧迫的任务摆在了全人类面前：我们共同拥有的自然是否能永葆青春，过度消耗资源的同时带来的日益严重的环境污染，随意开采造成的生态破坏，贫富差距的日益扩大引发的冲突等等。敬畏自然，理性思考重新审视我们的发展轨迹已然刻不容缓。必须要寻求一条经济、社会、环境相互协调，共生共息的可持续发展之路。

联合国于 1972 年在瑞典首都斯德哥尔摩召开全球第一次环境大会，会上首次提出了"可持续发展"的概念。这次大会，全球各国首脑聚集在一起正式讨论人类所面临的环境问题，共同界定了人类在缔造一个健康而富有生机的环境上所享有的权利。此次会议通过了《联合国人类环境宣言》，呼吁各国政府、各国人民为维护和改善人类的共同的环境，造福人类的子孙后代共同努力，以实现人类社会的可持续发展。此次会议后，各国致力界定可持续发展的涵义，其涵盖的范围包含国际、区域、地方及特别界定的层面。受联合国环境规划署委托，国际自然保护同盟于 1980 年 3 月公布了《世界自然保护大纲》，这是一项保护世界自然的纲领性文件，目的在于要使公众认识到人类在谋求经济发展和享受自然财富的过程中，自然资源和生态系统的支持能力是有限的，必须考虑到子孙后代的需要。它将保护自然与发展结合起来，强调在"经济"发展的同时，一定要保护"生物圈"，要合理利用自然。1981 年，美国布朗（Lester R. Brown）出版《建设一个可持续发展的社会》，提出以控制人口增长、保护资源基础和开发再生能源来实现可持续发展。1987 年，世界环境与发展委员会出版《我们共同的未来》报告，将可持续发展定义为："既能满足当代人的需要，又不对后代人满足其需要的能力构成危害的发展。"报告中对当前人类发展与所面临的环境问题进行了系统的客观评价，报告分三个部分："共同的关注、共同的挑战、共同的努力"。集中分析了全球的人口、粮食、生物种和生物多样性、水资源稀缺、能源不可再生、工业污染等方面的问题。报告反思了我们过去过度关注"经济发展"，而如今我们正迫切感受到生态的压力对经济发展的影响。指出我们需要寻找一条环境发展与经济发展相协调的发展道路，使可持续发展的内涵更加明确。

1992 年里约热内卢环境与发展大会，70 多个国际组织和世界 183 个国家领导人形成走可持续发展道路的共识，起了划时代的作用。尤其是会议通过的《21 世纪议程》、《里约宣言》、《森林问题原则声明》、《联合国气候变化框架公约》、《联合国生物多样性公约》等文件，都是以可持续发展思想为指导加以制定的，并第一次把可持续发展问题在全世界范围由理论推向了行动。随后，我国政府编制了《中国 21 世纪人口、资源、环境与发展白皮书》，首次把可持续发展战略纳入我国经济和社会发展的长远规划。1997 年的中共十五大把可持续发展战略确定为我国"现代化建设中必须实施"的战略。可持续发展主要包括社会可持续发展、生态可持续发展和经济可持续发展。

对"可持续发展"内涵的理解，迄今为止，未形成一致的定义。最初一般认为，它的内涵是在发展社会经济的同时，要保护和改善生态环境，使环境与经济协调持续发展下去。而今人们更深刻地感到生态压力对人类社会和经济发展影响的严重性，所以可持续发展的内涵有了延伸。综合而言，从各自学科的角度有以下几类定义：从自然学科的角度定义可持续发展，是由生态学家首先提出来的，即所谓生态连续性。指：保护和加强环境系统的生产和更新能力。可持续发展是寻求一种最佳的生态系统，以支持生态的完整性和人类愿望的实现，使人类的生存环境得以持续。从社会属性定义可持续发展，是在 1991 年的世界自然保护同盟、联合国环境规划署和世界野生基金会共同发表的《保护地球——可持续性生存战略》中，指出：在生存不超过维持生态系统承载能力的情况下，提高人类的生活质量。从科技属性定义可持续发展，是指"可持续发展就是建立极少产生废料和污染物的工艺或技术系统。实施可持续发展，除了政策和管理之外，科技进步起着重大作用。没有科学技术的支持，人类的可持续发展便无从谈起。从经济属性定义可持续发展，有不同的表达方式，但都认为可持续发展的核心是经济发展。可持续发展定义中涉及的经济发展已不是传统的以牺牲资源和环境为代价的经济发展，而是"不降低环境质量和不破坏世界自然资源基础的经济发展"，并且这种发展"能够保证当代人的福利增加时，也不应使后代人的福利减少"。 就当前看来，1987 年布伦特兰夫人所给出的可持续发展的定义最为大家所接受。其定义是：可持续发展是"既满足当代人的需要，又不对后代人满足其自身需求的能力构成危害的发展"。由此，可持续发展应有三方面含义：一是可持续性。任何一件事物的可持续性需在空间和时间上永远地连续下去，人类社会也要保持它的连续性；二是可持续发展。发展不仅包括经济的增长，更要保护环境和资源，不断提高使用资源的利用率，以满足人类持续发展的需求；三是可持续利用。指可再生资源的利用要保持在它的可更新的限度之内，这样才可永远地持续利用下去。

可持续发展的经济学角度的研究，更多采用的是对可持续发展的经济学定义，关注资源的最佳配置，关注福利的代际公平。可持续发展理论从本质上来讲也包括三个基本点：一是生态可持续性，人类生活的基本需求依赖于地球的资源供给，要保护地球资源，维持健康的自然过程，保护生态系统的生产力功能；二是经济发展可持续性，不仅当代人还有后代人都要在发展中生存下去。指保持经济稳定的增长，使用经济手段管理资源和环境；三是社会可持续性，指长期满足社会的基本需要，保证发展的利益在当代人和各代人之间确实得到公平分配。

保持环境发展经济，建立一个持续进步的社会乃是人类的最大幸福。可持续发展的根本目的是改善人民的生活质量，经济增长则是发展的根本手段。为此，人类要承担责任，遵守可持续发展原则。

2.2 旅游可持续发展理论

旅游可持续发展理论源于可持续发展理论，是可持续发展思想在旅游这一特定经济和文化领域的延伸。旅游业是全球最大的产业，影响范围广泛，因而从可持续发展思想产生时起，旅游研究者便开始了对旅游业如何实现可持续发展的积极探索。

旅游可持续发展是 1990 年在加拿大召开的全球国际大会上明确提出的。1995 年 4 月 24 日至 28 日，联合国教科文组织、环境规划署和世界旅游组织在西班牙加那利群岛的兰沙罗特岛召开了"可持续旅游发展世界会议"，75 个国家和地区的 600 多位代表出席了会议。此次会议是一次里程碑式的会议，会议确立了许多被普遍接受的有关旅游可持续发展的基本观点和理论。会议通过了《旅游可持续发展宪章》和《旅游可持续发展行动计划》。指出："旅游可持续发展的实质就是要求旅游与自然、文化和人类生存环境成为一个整体。"旅游业的可持续发展不是单纯的经济发展、产值增加，而是生态、社会和经济三维复合系统的可持续发展。1997 年 6 月在联合国大会第九次特别会议上，由世界旅游组织（WTO）、世界旅游理事会（WTTC）与地球理事会制定的《关于旅游业的 21 世纪议程》公布于众，该文件将联合国《21 世纪议程》转化为一个关于旅游业的行动纲领，其宗旨在于帮助负责旅游业的政府部门、国家旅游管理机构、有代表性的行业组织和旅游公司实现它们在地方和全国范围内的可持续发展，并提出到 2005 年要实现的主要目标。

1998 年 10 月，来自亚洲和太平洋 25 个国家的议员在中国桂林举行了"亚太议员环发会议第六届年会"，会议的主要议题是：亚太地区环境和资源保护及旅游业可持续发展所面临的挑战和相应战略行动。发表的《桂林宣言》提出了一系列促进可持续旅游的建议，呼吁国际社会和各国政府采取切实的行动，实施旅游业可持续发展战略。目前，理论界对可持续旅游的基本共识是：可持续旅游是随着社会经济所追求的可持续发展而提出的，经济的可持续发展强调社会的经济发展不得以破坏人类社会赖以生存的生态环境为前提。通过有效的资源开发、利用与管理，在获得满意的经济增长的同时确保经济资源使用的速度不超过其更新的速度，从利用不可再生资源或再生速度较慢的资源转向利用可再生资源或再生速度较快的资源，保证当代或未来人类社会的经济发展有充足的经济资源。其内容是在强调：第一，经济发展要有总体规划和决策思想；第二，经济发展要保护生态环境；第三，经济发展要保护人类遗产和生物多样性；第四，经济发展要保证目前的生产率能持续到将来很长时期内。大多数学者认为，旅游业是最能体现经济可持续发展的产业，也是最有效实施可持续发展的手段。旅游业的发展对人类和自然遗产的依赖与对生态系统的影响，旅游需求对现代人类和未来人类的基本需求有着重要意义，旅游开发过程本身所涉及就相当广泛和复杂。所有这些都说明，旅游业是最能体现可持续发展的产业，可持续旅游的概念也因此而产生，并逐渐形成了有关旅游可持续发展要符合的基本原则。

旅游可持续发展，关心组织和世界自然保护基金组织制定的可持续旅游原则，（1）可持续地利用资源——保护和可持续利用资源，包括自然的、社会文化的，是至关重要的，具有长期的商业意义。（2）减少过度消费和浪费——过度消费和浪费的减小，避免因恢复长期的自然环境破坏和提供品质旅游成本。（3）维持生物多样性——维持和促进自然、社会和文化的多样性是长期旅游可持续的关键，并且创造了产业的弹力。（4）将旅游结合到规划中——将旅游结合到国家和地方战略规划框架中，施行环境影响评价，增强旅游长期生存能力。（5）支持地方经济——广泛的支持地方经济，考虑环境成本和价值，既保护经济，又避免环境破坏。（6）

争取地方社区参与——地方社会完全参与到旅游中，不仅有利其自身和环境，也能够改善旅游体验的质量。（7）咨询旅游相关各方和社会公众——旅游行业、地方社会、组织和机构之间的会商，在他们协作和解决潜在的利益冲突时是非常重要的。（8）人员培训——将可持续旅游结合到日常经营中，配合各种水平的地方人员的征募，改善旅游产品质量等培训。（9）负责任的旅游营销——提供完全和负责任的信息，增强对目的地区域的自然、社会、文化环境的关注，改善顾客满意度。（10）开展研究——开展研究和观测，有效的数据收集和分析是帮助解决行业问题，造福目的地、行业和顾客的关键。

世界旅行和旅游组织制定可持续旅游指导原则：（1）旅行和旅游应当帮助人们在和谐的自然中健康有效的生活。（2）旅行和旅游应当致力于保存、保护和恢复地球生态系统。（3）旅行和旅游应当以可持续的生产和消费方式为基础。（4）各国应当合力促进开放经济系统，在其中旅游服务国际贸易能够在可持续的基础上运作。（5）旅行和旅游、和平、发展、环境保护相互依赖。（6）旅行和旅游的贸易保护主义应当摒弃和逆转。（7）环境保护应当构成旅游开发过程的一个不可分割的部分，旅游发展事物应当和相关公众事物一起处理，规划决策应当被当地所采纳。（8）国家应对可能影响旅游者或旅游区的自然灾害进行预告。（9）旅行和旅游应当利用自身能力，最大限度的为妇女和当地居民创造就业机会。（10）旅游发展应当认可和支持本土居民的特点、文化和利益。（11）保护环境的国家法应当受到旅行和旅游的遵守。

2.3 旅游可持续发展的基本思想

与其他可持续发展思想相比，旅游可持续发展思想主要体现在公平性思想、可持续思想、利益协调性思想和共同性思想四个方面。所谓旅游可持续发展主要是指在保持和增强未来发展机会的同时，满足目前旅客和旅游地居民当前的各种需求，即在旅游业发展中，既要保证旅游业的经济增长，又不能破坏环境，还要兼顾社会文化因素，尽量做到经济、社会、生态三者协调发展。

可持续旅游的不同类型可分为强可持续发展与弱可持续发展，强可持续发展理论与弱可持续发展理论在旅游业中的具体应用形成了可持续旅游发展理论的不同类型。极端的环境保护主义或极端强调旅游业发展的思想都有失偏颇。旅游发展的可持续性应根据经济、社会、环境的具体情况予以界定：在旅游产业的不同生命周期，旅游业占国民经济的不同比重等情况下，旅游业对环境的影响程度不同，现实中的旅游可持续发展实践对环境保护要求的程度不同，按此标准，可将旅游可持续发展划分为以下几种类型：（1）发展中国家一般是在承认旅游业发展会对环境产生一定的影响的前提下，把发展旅游业看做是重工业等更严重环境污染和高资源消耗行业的替代产业，在旅游规划和旅游开发中尽量考虑减少对自然环境自然资源的破坏，减少对社会文化环境的冲击，旅游业发展的同时要考虑所在社区居民的利益，旅游基础设施建设要综合考虑空间的合理性与游客使用的便利性等；旅游环境和社会影响在旅游目的地开发中已受到相当的重视，主要开展产品导向型可持续旅游。（2）环境导向型可持续旅游。在处理旅游发展与保护环境之间的矛盾时，更侧重于保护环境，比如生态旅游，强调旅游发展不能破坏生态环境，保持生物多样性。一般适合于尚未开发或即将开发的旅游目的地，避免过度开发后再进行修复的后果。强调环境承载力的极限作用。无论是自然环境还是人文环境，严格遵循客观规律。发达国家一般会采取这样的发展方式。（3）高层次的可持续旅游发展，利用具有优越自然和文化环境的地区，利用现代的科技手段，为旅游者提供高质量的环境和文化体验。现代旅游为了避免大众旅游对环境冲击而开展的替代旅游，如生态旅游、绿色旅游、文化旅游、志愿旅游等。欧盟地区的旅游这几种类型都有，而且越来越向高层次可持续旅游发展。不同的目的地选择了不同的旅游可持续发展模式。

2.4 欧盟可持续发展战略

欧盟 27 国所构成的地域范围。该区域跨西、北、南、中欧，面积约430 万平方公里。该区域作为本文研究对象具有以下三个方面的特点：第一，该地区基本上代表了欧洲经济最发达国家的整体，而旅游与经济发展存在着紧密的关系；第二，该地区拥有欧洲相对最完整和最完美的旅游产业发展业态和旅游组织管理模式；第三，这里的旅游业无论从其发展历史、规模、速度，还是旅游业所产生的经济价值、社会价值，以及政府对旅游管理的相关措施等都具有先进性、代表性，并最终导致了可持续性的发展空间。但由于在材料收集中所涉及的大部分是有关欧洲整体的旅游相关信息，而欧盟成员国无论从国家数量、人口总数、地域面积等方面都占欧洲较大的比重，尤其是欧洲旅游业主要集中于欧盟 27 个成员国所辖范围之内。1997 年 6 月联合国大会第九次特别会议上，世界旅游组织、世界旅游理事会和地球理事会共同向大会散发的《实现与环境相适应的可持续发展》文件，是将《21 世纪议程》转化为一个旅游业的可行动纲领性文件。该文件分为上下两篇，上篇强调了政府、旅游业和其他组织之间合作伙伴关系的重要性。它还分析了旅游业战略上和经济上的重要性，并论证了使整个产业得以可持续发展，而不仅仅关注"生态旅游"所能获得的巨大利益。说明旅游产业可持续发展不仅仅是"生态旅游","生态旅游"只是其中一个组成部分——消费方式是持续性。下篇是行动纲领,针对负责旅游业的政府部门、国家旅游管理机构和有代表性的行业组织,旅游公司提出一个最重要的目标和几个优先考虑采取行动的领域,并对每一个优先领域都确定了具体目标,还对实现该目标可以采取的步骤做了简要说明。

可持续发展是一个全球目标。欧盟在推进可持续发展中充当了重要角色,在欧洲以及全球范围内,应采取广泛的国际行动。为了履行义务,在1997年的联合国成员大会第 19 次专门会议上,欧盟和 1992 年联合国里约宣言的其他缔约国同意为 2002 年可持续发展世界首脑会议及时起草可续发展策略。欧洲理事会在里斯本为欧盟树立了一个新的战略目标:形成富有竞争力、富有活力的、建立在知识基础上的经济,以促进经济的可持续增长,为人们提供更多、更好的工作,并促进社会融合。斯德哥尔摩欧洲理事会认为,包括环境领域的欧盟可持续发展策略应在政治行为的基础上来构建和实施。这表明:从长远角度来说经济增长、社会融合和环境保护需同步进行。

2005 年 1 月就业率提高到 67%,2010 年提高到 70%;到 2005 年 1 月妇女就业率提高到 57%,2010 年超过 60%。到 2010 年接受中等教育以下且没进一步接受教育和训练的 18—24 岁人员减少一半。为达此目标,在欧盟范围内实施如下措施:通过繁荣经济、提高就业率、开辟新的社会参与途径来消除社会排斥,加强欧洲就业策略的实施。限定维持和提高工作地位的共同方法,并将其作为一总目标包括到 2002 年的就业指导方针中;到 2001 年年底,完成更新既存法规的工作,实施在就业、职业训练、晋升和工作待遇方面男女平等对待的原则;在 2001 年,同意实施社会融合计划的建议；到 2001 年年底确认关于工作地位、反对社会排斥的指标；到 2002 年提出为儿童和其它抚养者提供照顾和家庭救济金体系方面的指标。提出一些指标以确保男女之间在支持工资方面不存在差异。

确保养老金体系、健康护理体系、老年人照顾体系的健全，同时维持公共财政的持续性及代间团结。通过提高就业率、减少公共债务、采取社会保护体系包括养老金体系来迎接人口统计学的挑战。到 2010 年将欧盟老年男女（55—64 岁）的平均就业率提高到 50%。为达此目标，在欧盟范围内主要采取如下措施：鉴于春季欧洲理事会 2002 年人口统计学的变化，在养老金领域挖掘协调的公开方法的潜力，并准备一份关于养老金质量和可持续性的报告。为了向全体公民传授长寿知识，认明一致的策略和实践措施。理事会应定期检查公共财政的可持续性，包括人口统计学变化所带来的预期的变化。检查对象既包括广泛的经济政策指导方针，又包括这些政策的稳定性和集中的项目。在 2001 年 Laeken 欧洲理事会会议上将对坦佩雷后续工作框架内的移民入境、移居出境、收容所展开深入讨论。关于这一点，对合法居住在欧盟的第三世界国家的公民的地位要引起重视。

控制气候变化，促进清洁能源的使用，欧盟将履行京都议定书中的义务。不过，议定书只是第一步。协议提出欧盟应在 1990 年的基础上每年以 1%的速度减少温室气体的排放，直至 2020 年。欧盟强调其它主要的工业化国家应遵从京都议定书中的目标。这对于确保国际上致力于控制全球变暖及适应其影响是必不可少的步骤。为实现这一目标，在欧盟范围内主要采取如下措施：到 2002 年采用能源产品税政策。在这之前的两年内，委员会将提议更宏伟的环境目标，致力于通过能源税将外部费用内部化，同时，国产税的最小增长指数至少应相当于通货膨胀率。到 2010 年逐步停止对化石燃料生产和消费的津贴。建立在欧洲气候变化行动方案成果基础上的温室气体减排措施。到 2005 年建立欧洲 CO_2 交易许可制度。到 2010 年替代燃料至少占到汽车消耗燃料的 7%，包括生物燃料，到 2020 年至少要占到 20%。采取减少能源需求的行动。例如，通过限定最低标准和对营造业和机械业提出要求来提高能源效率。支持新技术的研究、开发和推广工作，包括：清洁和再生能源的推广利用；安全的核能以及加强对核废物的管理。

向威胁公共健康的因素宣战，确保食物链中各营养级食物的安全和质量。到 2020 年，确保化学物品只能以对人类健康和环境不构成威胁的方式生产和使用。处理传染性疾病爆发和抗抗体的问题。为此，在欧盟范围内必须采取如下措施：向消费者提供信息并提高他们的意识，包括通过教育和给食物贴上明确的标签。在 2020 年建立欧洲食品局。提高对食物和环境中某些影响人体健康的物质（如毒素、杀虫剂）的监测和控制能力，尤其是它们对儿童的影响。让共同的农业政策支持健康的、高质量产品的生产，而不是片面地强调数量。从 2002 年开始对烟草管理制度进行评价，采用新的管理制度以便考虑逐步停止烟草津贴，并采取措施为烟草工作者和种植者开辟替代的经济收入来源；同时以便较早地确定相应的停止日期。到 2003 年制订一个综合的促进健康、安全工作的共同体策略，以便减少工作事故和职业病。到 2004 年实施所有关于履行新的化学药品政策的法规。2001 年年底委员会将提出一个欧洲行动计划，以减弱抗生素抗性，其行动计划包括加强咨询，农业中逐步停止其用作生长素使用，在人、动物和植物护理中控制抗生素的使用。到 2005 年，提高欧洲监测和控制传染病爆发的能力。

更负责任的管理自然资源，打破经济增长、资源利用和废弃物产生之间的联系。到 2010 年保护和恢复生态和自然系统，遏制生物多样性丧失。在欧盟和全球范围内加强渔业管理以扭转鱼总量下降的趋势，确保可持续的渔业以及健康的海洋生态系统。为此主要采取如下保障措施：联合商业部门实施一个整体的生产政策，以减少资源利用和废弃物对环境的影响。到 2003 年，实施关于承担严格环境义务的欧盟法规，建立一套生物多样性指标体系，提出一套资源生产力衡量体系，并用于实践中。在共同农业政策的中期审查中，改进农业环境衡量方法，以便提供一套直接支付环境服务的透明体系。在 2002 年共同渔业政策的审查中，去除反生产的、刺激过量捕捞的津贴，将欧盟捕鱼舰队的活动范围和强度缩小到与世界可持续发展相协调的水平，同时，处理随之带来的社会问题。

改善运输系统，加强土地利用管理，为了减少交通拥挤和其它副作用，削减由国内生产总值增长带来的运输的显著增长。运输中由使用公路向使用铁路、水路和公共旅客运输转变，以便 2010 年道路运输量的份额不比 1998 年的大。通过减少经济活动中的差异和保持农村与城市社区的活力来促进区域的平衡发展。为此实施如下主要措施：委员会将提议一套运输价格框架，以确保到 2005 年不同运输方式的价格（包括航空）反映它们对社会的花费。通过使用智能运输系统确保道路运输支付系统的交互操作，引入道路价格体系，促进技术进步。

欧盟可持续发展的主要威胁，人类活动中释放的温室气体正促使全球变暖。气候变化可能增加自然灾害（龙卷风、洪水），对基础设施、贫困、健康和自然界造成严重影响。一些疾病中新的抗生素抗性品系和目前常用的许多危险化学用品潜伏的长期影响对人类健康构成严重威胁，对食物安全的威胁也呈加剧趋势。欧洲存在六分之一的贫困人口。贫困与社会排斥对少数人产生巨大的直接影响，如：疾病、自杀、失业。贫穷人的负担由单身母亲和独居的年老妇女的不均衡而产生。贫困状况常在一个家庭内保持好几代。很明显，期望寿命的提高是受欢迎的，但随着出生率的下降而出现的人口老年化的结果导致经济增长率的下降，同时对实施养老金方案的质量和持续性以及公众健康护理构成威胁。许多成员国在 2000 到 2040 年间消费额增长到国内生产总值的 8%。近年来欧洲生物多样性丧失加剧。欧洲水域中的鱼总量急剧减少，废弃物增长速度持续高于国内生产总值的增长速度，土地丧失和土壤肥力下降正在破坏着可利用的农业用地。交通日益拥挤。这主要影响城市，同时还面临着以下挑战：内城区的消失、郊区的蔓延、贫困人口的密集和社会排斥。欧盟的区域不平衡仍是一个很严重的问题。

在推进 21 世纪议程中，公众自发地开展活动，以改进自己的行为方式，减少对生态环境造成的影响，用可持续生产、消费的理念、行为取代不可持续的方式。可持续发展不只是政府的职责，各种非政府的力量亦应广泛参与。在城市布局中尽量避免过度集中，把城市基础设施建设作为提高人们生活和工作质量的不可或缺的条件，努力为居民提供良好的生活环境。大力开发可再生能源和降低能源消耗。欧盟的可再生能源发展的欧盟指令有：2001/77/EC 指令（关于可再生能源）。德国是最大的能源进口国，德国政府制定了《可再生能源法》，其中对消费者以及企业在能源使用方面做了详细的规定，同时还实施了一系列鼓励使用新能源的计划。为了实现可持续发展战略目标，德国还在积极采取措施，提高能源利用效率。大力发展可持续的环保型农业。德国的农业占国民经济比重较小，但农业现代化程度较高。为国民提供价格适宜的高质量的健康食品，为工业提供可再生能原材料，保障和完善人们生活和生产的自然空间条件，保持农村风景文化是德国农业发展的主要目标。政府补贴要确保农民收入和财产的增加，同时保持生物多样性，保持农村自然景观完好，保证农业提供无公害的农产品。瑞典的可持续发展战略——1972 年，在瑞典首都斯德哥尔摩召开了首次人类环境会议后，北欧的瑞典一直是世界上积极倡导与实践环保的领先国家。瑞典在 20 世纪 80 年代中期开始实施区域清洁生产政策、环境保护政策、清洁能源政策和环境与发展综合决策制度，为联合国 21 世纪议程的制定提供了很好的样板。到 21 世纪初，瑞典已形成了独特的实施可持续发展的理论和经验，被公认为已经走了可持续发展的道路。

从旅游业的"六要素"看，食、住、行、游、购、娱涵盖了经济社会中的多个行业，因而旅游业与其他产业关联度相当高，这就决定了旅游业发展产生明显的关联效应。欧盟各国从保护环境、促进经济社会可持续发展的角度制定了战略规划，其在自然资源使用与保护、交通运输建设、能源开发、建筑材料使用、教育培训、碳排放等多个领域都有了详细的部署，且各国都拿出了保证这些规划得以实施的具体支持政策，在人力、财务上做了具体详尽的安排，并形成了相关的法律制度。旅游业与水资源关系密切。欧盟之所以始终保持世界第一旅游目的地的位置，与其得天独厚的自然优势是分不开的。地中海沿岸一直是旅游业最为发达的区域，以法国为代表，"蔚蓝海岸"的旅游目的地是欧洲境外游客向往的主要游览胜地之一，这一区域的旅游项目主要围绕"水"的意境而展开。因此，对水资源的合理利用是影响旅游业能否持续健康发展的重要前提条件，而法国的可持续发展战略中均以立法的形式对其进行了保护，并配以相应的财政政策支持战略的实施。环境是与旅游业对立统一的客观存在。众所周知，旅游业发展一定会对环境产生影响，这种影响如果不超过环境的承载能力，或者通过环境系统"新陈代谢"予以解决也无需过于担心，但在追求旅游的经济效益时，人们往往忽略了环境的承载能力，超负荷运转的环境系统迟早会释放出崩溃的信号。旅游者必须通过交通工具才能到达旅游目的地，这便引起对交通运输的需求增加，传统交通工具运行过程中会向空气中排放气，给空气来污染，而游客到达目的地后便随之开始一系列住宿、饮食、购物的消费行为，这些行为也会对旅游目的地资源消耗带来压力。研究表明，在旅游住宿业的日均用水量是普通居民日均用水量的 10 倍以上，伴随着还会产生大量的生活垃圾，而瑞典的"绿色消费"主张目前已被游客广泛接受。如游客在瑞典选择入住酒店时可以选择带有"白天鹅"标识的酒店，在旅游过程中的其他消费环节也会有类似的绿色标识进行提示，在这类酒店中可能不提供空调、拖鞋，倡导游客保护环境，降低能源消耗或浪费。不只是生态旅游而是生态化旅游。德国的生态旅游是目前欧盟国家中发展较为成功的，不仅做到了保护生物多样性，同时相应的举措提高旅游社区居民的生活质量。而生态旅游只是一种对传统旅游进行替代的现代旅游模式，生态化旅游不同于生态旅游，生态化旅游是一种"按照新的理念去完成旅游过程"，以生态化方式完成的旅游过程，无论你对城市进行观光还是乘坐游轮畅游海上，亦或是品评文化瑰宝等都可以在享受旅游快乐的同时而做到环保。

　　生态旅游目前仍是小众旅游模式，因为只有那些热爱大自然、自愿参与环境保护、受到良好教育的人群才会参与生态旅游，而大众旅游群体仍是选择传统的旅游方式。尽管最近几年由观光休闲旅游在向深度旅游过度，但在旅游生态化方面却仍有很长的路要走。欧盟各国的可持续发展战略在促进旅游业由传统模式向生态化方式转变起了重要的导向作用。德国在其发展战略中，关注了教育培训，关注了交通基础设施。要想实现从传统大众旅游到真正环保、生态化旅游的过渡，这些都是必不可少的条件。教育不仅面向旅游从业人员，也包括游客，只有每个游客都真正做到了负责任的旅游，才能保证后来的旅游者的体验质量不会降低，才能实现可持续的旅游。德国的公园门口会给每个入园的游客发放一个随身携带的垃圾袋，以供在接下来的游玩过程中使用。

近 20 年来，欧盟经济增长率平均每年约为 2.5%，生产率提高 2%，但失业压力并没有减轻。这说明欧盟经济还是以人力资源就业不足、自然资源利用过度为特点的。欧盟委员会承认，从总体上说，"我们的生产和消费方式远不符合可持续发展的要求"。 根据欧盟环境局的资料，欧盟从 1970 年到 1988 年，化肥的使用量增长了 63%；从 1987 年到 1992 年，城市固体垃圾增加了 35%；从 1970 年到 1985 年，水的用量平均增加了 35%。如果不改变这种原料消耗型增长的消费方式，欧洲的生态将进一步失衡，经济也不可能持续增长。1972 年联合国环境大会以后，持续发展已成为世界各国的共识。持续发展要求更有效地利用初级能源和原材料，最大限度地提高产品和垃圾的再生率，要求在设计产品时考虑到尽可能的耐用，充分利用再生能源和再生材料。实际上，环境工业或生态工业本身就是一个有着远大发展前途的新兴工业部门。目前，欧盟在清洁技术、再生能源、垃圾再生、自然风景保护、城镇生态革新等领域的就业人数已有 200 万，还有 150 万人在水处理、垃圾管理、防大气污染、环境研究和开发等环境工业领域就业。1994 年欧盟环境工业的产值就已达到 900 亿美元。在环保技术设备方面，欧盟目前在 2800 亿美元的世界市场中已占 900 亿美元，2010 年这一市场达到 6400 亿美元。此外，据估计，世界新的能源设备市场在未来十多年中将达到 2000 亿美元。这不仅为欧盟的出口展示了美好前景，而且将对其就业形势产生积极影响。

可持续旅游源于可持续发展理论，是可持续发展思想在旅游领域的延伸。自 1972 年可持续发展被正式提出以来，引起全球各界的极大关注。对可持续发展的内涵从自然、社会、科技、经济等不同角度有了更多的认识，并由此形成了有关可持续发展的基本原则。学术届也逐步形成了对可持续发展问题的不同研究范式。旅游产业与可持续发展关系最为密切，这促使人们更加关注旅游业的可持续发展问题。1995 年联合国召开的"可持续旅游发展世界会议"正式将可持续旅游提到了世界范围的议事日程。会议通过了有关旅游业发展的纲领性文件，并最终于 1997 年形成了《关于旅游业的 21 世纪议程》，将联合国《21 纪议程》转化为关于旅游业的行动纲领。欧盟在推进全球可持续发展战略中充当了重要角色。欧盟理事会在里斯本为欧盟树立了新的战略目标：即要从长远角度来实现经济增长、社会融合和环境保护的同步进行。在欧盟总体战略目标的指引下，欧盟各国都制定了可持续发展战略，其中德国、法国、瑞典、芬兰、英国等国家政府都制定了详细的可持续发展战略方针，建立健全相关的制度并完善机构设置，以保证此项战略方针得到落实 。这些战略方针所涵盖了自然资源使用（包括水、土地等）与保护、交通运输建设、能源开发、建筑材料使用、教育培训、碳排放等多个领域。这些内容都与旅游业发展高度相关，且各国都拿出了保证这些规划得以实施的具体支持政策，在人力、财务上做了具体详尽的安排，并形成了相关的法律制度。这些战略规划对欧盟旅游业的发展给出了具体的政策方向，对各国传统以及现代旅游产品的开发，旅游市场运作都产生了深远的影响。

第三章 生态旅游研究与可持续性的实践途径

　　"生态旅游"这个概念是在 1983 年由墨西哥专家提出的。此后，这一概念传入中国并得到中国专家和学者的普遍接受和不断研讨。在研究中，学者专家们从中国实际情况出发，不断赋予生态旅游以中国特色的内涵，积极探讨中国发展生态旅游的优势条件和制约因素，并不断推动生态旅游在中国的实践。纵观中国生态旅游的研究历程，大致经历了以下几个阶段：

　　概念引入阶段，有关生态旅游的理论研究，某些方面早在"生态旅游"概念引入之前就开始了，如旅游与环境这个生态旅游密切相关的问题早在 70 年代初就引起了旅游界的注意，有关学者从 20 世纪 80 年代初期就开始研究旅游生态环境方面的问题，并呼吁"创建旅游生态学、开展旅游生态研究"。进入 90 年代以后，伴随着"可持续发展"思想的深入和国际旅游业的发展，"生态旅游"的概念在我国也日益深入人心。概念界定阶段，虽然，专家学者对旅游与环境的关系等问题的研究已经具有较长的历史了，但是国内明确引入"生态旅游"概念并对其进行研究却是近十年的事。所以，在近十年中，有关生态旅游研究的大量文献和资料都集中在对生态旅游概念的界定、内涵的解释、功能的探讨，特征的描述等基础理论研究方面。这期间，国内出现的"生态旅游"的定义达几十种之多，在对生态旅游界定的过程中，出现了两方面趋势：一是不同的专家和学者从自身的学科角度提出了对生态旅游内涵的不同理解；二是赋予"生态旅游"概念以中国特色。实践研究阶段，随着研究的深入，在进行概念内涵辨析，以明确什么才算是真正的生态旅游的同时，一些学者也积极地探讨了我国开展生态旅游的条件和应该注意问题等。生态旅游研究从内涵争论开始转向了对现实问题的研究。在对实践的研究上，大致形成了这样两个热点，一个是对我国开展生态旅游条件的判断和注意问题的研究，一个是针对特定区域的生态旅游规划。与此相对应，在对国际生态旅游理论的借鉴方面也从以往的概念的引进而转向了开发过程中具体的操作方法和技术的借鉴。

目前关于生态旅游的理论研究，最为集中的就是对生态旅游概念、特征、内容、功能以及与其他旅游概念的比较等有关内涵和外延的研究方面；其次，对生态旅游的与环境保护的关系以及生态旅游与可持续发展的关系一直以来也是生态旅游理论研究的重要内容。生态旅游的概念目前国内对生态旅游定义的不同表述有 60 多种，综观这些生态旅游的定义，大致可以分为以下几类：第一种，强调旅游者的动机，认为生态旅游是回归大自然之旅。认为"生态旅游"是"大自然旅游"、"绿色旅游"、"探险旅游"等。第二种，强调生态旅游对环境保护和环境教育的重要作用，认为保护环境是生态旅游的题中之意。第三种，生态旅游的目标是实现经济、社会和生态效益的统一。

关于生态旅游的实质有以下几种说法：第一，产品论：认为生态旅游是一种特殊形式的旅游，或者说是一种特殊的旅游产品，作为一种旅游产品向市场推销的，它迎合那批追求自然、本真的消费者群体，生态旅游对环境的影响相对较小，并可以增强旅游者的环境意识，可持续旅游则演变为一种规则，对各种旅游产品普遍适用，可持续思想作为主流发展模式，成为衡量旅游活动持续性发展的准则。第二，模式论：对应与产品论，有的学者认为生态旅游应该是一种发展模式。例如金波等认为生态旅游作为一种旅游发展模式，这种旅游发展模式开始考虑如何实现旅游可持续发展，也许以生态旅游为代表的旅游发展模式不完全等于旅游可持续发展，但它确实在向着这一目标实践着。第三，产品和模式论：认为生态旅游内涵可以分为三个层面，作为旅游发展模式的生态旅游，作为旅游产品的生态旅游；作为旅游消费方式或行为方式的生态旅游。第四，旅游活动形式论：我国学者中也有人认为应该狭义地理解生态旅游的概念内涵，把生态旅游看作是一种旅游活动形式。张广瑞强调生态旅游是一种"有目的的旅游活动"，陈忠晓、王仰麟认为"生态旅游通常为一种指向自然区、野生生物和传统文化的小尺度旅游"。生态旅游的功能、特点和内容，以对生态旅游定义的界定为基础，国内很多学者关于生态旅游的内容、特点和功能方面作了很多的论述，通过对生态旅游内容、特点、功能的正确认识以期准确把握生态旅游的内涵，揭示生态旅游的实质，为生态旅游实践提供帮助。学者们基本趋于一致地认为生态旅游具有环保功能、环境教育功能和促进当地经济发展等功能。关于生态旅游的特点分别有学者指出：高成本、高附加值、高品位（指对环境的保护和具有高科学和科技文化含量）等。

3.1 生态旅游理论研究

现阶段有关我国生态旅游实践的研究主要集中在我国开展生态旅游的条件判断和我国生态旅游开发过程应该注意的问题上，此外，对区域旅游开发方法的研究和国际经验的借鉴研究也得到了很多学者的关注。

（1）我国发展生态旅游的条件判断

我国拥有众多的自然文化遗产、自然环境和生物多样性方面具明显的优势，具有丰富的开发生态旅游产品的资源基础，开发生态旅游产品的潜力巨大，对环境的保护也势在必行，这是国内学者的共识。

（2）我国发展生态旅游应该注意的问题

在有关我国生态旅游开发事件应该注意的问题上，学者们纷纷强调我国的生态旅游实践要合理规划，加强法制建设，强化管理，注重生态的保护问题，注重游人的引导和生态保护教育，杜绝污染，加大科技投入，开展国际交流，争取国际合作等。表现出对我国生态旅游实践的关注和实践引发的问题的忧虑。

（3）国际经验借鉴的研究

在国内对生态旅游内涵进行热烈的探讨，对我国生态旅游实践进行研究之前，一些学者在研究生态旅游国际开发经验、传播生态旅游的国际通行定义方面也作了巨大的贡献，起到了开思路、正视听的良好作用。这些研究可分为两个方面：国际上通行的生态旅游概念、内涵、特点等的介绍；国际上生态旅游开发主要地案例的研究和介绍；区域生态旅游规划方面。随着对生态旅游概念内涵的进一步深入研究与讨论，国内有关生态旅游研究的内容也逐渐向区域实践研究方面转化，有关区域生态旅游规划的理论和实践研究渐成热点。吕永龙（1998）从实践中提出了生态旅游规划的主要原则以及规划所要考虑的主要因素，这些主要因素包括：（1）旅游资源的状况、特征及其空间分布；（2）旅游者的类别、兴趣及需求；（3）旅游地居民的经济文化背景及其对旅游活动的容纳能力；（4）旅游者的旅游活动以及当地居民的生产、生活活动与旅游环境相吻合，规划应与当地的社会经济持续发展目标相一致。针对生态旅游地的可持续发展提出了相应的生态旅游规划的要求，认为生态旅游地的规划属于微观尺度的社区旅游规划，应注重景点及服务设施的建设设计与布局，而不是宏观的发展战略及中观的规模聚集效应，其出发点和归宿点是旅游资源的开发和保护，并从生态旅游的规划目标出发，给出了生态旅游规划的内容及实施方法。

3.2 生态旅游辨析

国内外研究者们对于生态旅游定义以及生态旅游的基本要素等的讨论大致集中在以下几点：生态旅游到底是一种特定的旅游形式、旅游类型（一部分需求）、管理方式（一部分供给）、还是发展原则（整个旅游业）。作为有效实现保护与开发（发展）的工具、生态旅游赋予相关主体的权利和义务分别是什么?在体现可持续原则的前提下，生态旅游与其他旅游形式的关系是什么?即生态旅游与其他旅游形式的对比和辨析。生态旅游是否是大众旅游?
生态旅游依赖的资源基础是什么?其中是否包括逆境生态景观，是否包括人文生态区生态旅游者的廓清。

最早，生态旅游是作为一种招揽游客的新型时常营销工具出现的，由于环境问题的日益显露、全球化问题日益严重起来，生态旅游成为旅游业界解决可持续发展问题的对策和良剂。环境问题的实质是生存问题，具有极其紧迫性和不可知性；环境问题的紧迫性应该促生生态旅游实践的紧迫性；这种实践的内涵是非常宽泛的，包括相关人物的强烈责任心的建立：政府、学者、企业家、旅游者；包括生态旅游区域相关环境保护措施的确实操作和功能的确实体现的保证；包括相关社会体系的相互支持和助长环境保护的统一性的建立。生态旅游起初作为经营方式被提出，但之所以受到重视并发展极快，主要是环境问题的日益紧迫和威胁性；人类对于环境问题的解决首先理想目标应该是道德的、理智的、长期和高远的，其次应当充分考虑现状和接近理想所受的限制，然后有针对地制定时间最短的分步行动，这种分步行动应当避免自欺欺人和侥幸心理。生态旅游的发展，必须将自然生态、经济、社会目标综合起来考虑，同时需要着重结合制度研究；由于全世界的拥挤不堪和资源日益匮乏的极度严重性和紧迫性，将生态旅游相关问题归类并列出研究课题的优先次序（时间度：分阶段行动），同时明确生态旅游所涉及的不同团体或个人的责任（空间度：分层面负责）、使大家各司其职各有所侧重以谋求当地人需要、游客需要及环境保护需要之间的平衡。人类所依据的理论必须切实结合实践，并且能够很客观地对待实践经验和教训，及时调整、改进；这种负责任的理论研究和科学的实践探索态度是环境问题的紧迫性和部分不可预知性要求的。由于生态旅游的理论研究和案例实践几乎是同时开展起来的，因此目前形成很多困惑和混乱，表现在：生态旅游及生态旅游者的界定至今没有统一和完善，以至于生态旅游与其他旅游形式的概念外延重合并被扭曲或滥用；相关生态旅游研究与其他领域交叉混合，致使调查和研究数据、方法针对性不强，无法统一，无法成系统，不具可比性或参考价值。在理论研究和经验总结方面，由于研究人员的专业或职业倾向不同，审视角度不同，出现诸多相同案例的不同论述和总结，尤其在我国。针对生态旅游研究进展中诸多问题以及环境问题的紧迫性，由于研究者、操作者的社会角色不同，出发点不同，因此观点主张各异，其中环保主义者的理想化目标只能成为理论空谈、政府和决策者不得不全盘平衡各类问题，企业家有其物质驱动，旅游者随意性较大。故而急需应该有一个权威的、公正的机构说话，给大家定出理想化的行为目标和规范。

从事研究和探讨生态旅游理论和操作经验时，应力求公正、客观、博采众长并具有实用价值；因为学者的理想和作用是："既说明世界，更改造世界"（恩格斯语）。生态价值取向的形成和稳固是漫长的过程，科学技术和人文手段是这个过程中间被动采取的措施，这些也是对研究者的智慧和管理者责任心的考验。明确生态旅游的定义的目的是在生态旅游操作的各个阶段保证生态旅游的功能的明确和完善体现，保证操作实施相关人员无论从理念还是行动都有所依据和对证，使理论指导实践更为有效和有力，并更迅速和快捷地接近人类维护环境的理想。明确生态旅游的定义的条件是，有足够权威的、智慧的、远瞻的机构和人物制定相关内容的细则；有足够的物质和精神支撑去实现。影响明确生态旅游的定义的因素是时间段、物质积累和精神认知工程。生态旅游的定义应该分时段和层面进行，应该细化到各个时段和层面对象的目标、责任和义务，原则依照所要达到的目标决定。全世界无论发达国家或发展中国家，生态旅游的最终目标是和可持续发展的目标是一致的：首先保护我们赖以生存的生态环境，保证不同代际、不同区域的生存公平；同时很好地兼顾经济和社会发展，保障全面的可持续性。实现最终目标需要全世界范围的理想化的物质基础和道德认知与责任感。相对结合现阶段的具体实际情况，在我们对于传统规划设计理念、原则和指导思想的重新审视之后，生态旅游在保护和增强未来机会的同时满足现实旅游者的审美和旅游目的地社区经济社会方面的需要，是一种与可持续旅游密切相关的旅游产品；而且，生态旅游与某些能使后代赖以生存的资源基础得以维持的标准紧密相关，如生物多样性、人类历史文化遗产的保护、基本生态过程、生命支持系统整体规划发展的保护等。

因此这种特殊的旅游产品对于旅游供给和旅游需求者有相关责任和义务以及行为标准的要求原则和规范；这些要求是可持续发展在生态旅游产品中的具体化，不同地区不同国情的权威机构根据可持续发展的最高理想和自身现状制定切实的标准和规范甚至法律。实质上，生态旅游是通过减轻环境压力来平衡经济利益，通过保护旅游景区的景观资源和文化的完整性来实现代间和代际的利益共享和公平性。生态旅游所涉及的相关群体：研究人员、企业界、政府和非政府组织、旅游者、当地民众有责任成为推动生态旅游良性前进发展的驱动力量，同时有权利从自己的角度出发提供综合经验和理论，为平衡各方利益、实现人类整体利益目标发挥功用。一般程序为：科研人员提出具有超前意识的研究成果；非政府组织在其暂时不能立即转化成为公众意识或政府决策时起到关键性的桥梁作用（阻止环境破坏行为，实践、支持和推广环境保护新兴手段或措施， 说服政府决策等）；官方或政府组织及时调整法规、战略和政策以尊重科学、顺应民意的同时综合协调和取舍各方面利益，保障可持续发展；有关企业谋求商业利益的同时应积极执行法规和标准，并主动探索企业本身与实践可持续发展相关的技术创新和经验总结，将环境保护方面的努力转化成企业自身的竞争优势；旅游者和当地民众在享用相关权利的同时，置身于环境保护的教育气氛之中，应该成为积极的参与个体，做一个负责任的相关利益者的同时主动从细微角度献技献力。生态旅游资源的特定性决定了生态旅游必须主要承担保护、教育、扶贫功能，其核心的保护功能决定了与之相关的生态旅游（业）区别于传统大众旅游（业）的特点。

生态旅游维护自然生态、天人合一生态、特殊文化生态的可持续性，又由于逆境生态景观的教育功能，因此生态旅游资源应该包括自然生态（逆境在内）景区、人文景区；但现阶段，逆境生态景观的旅游经营的相关维系手段有待发掘；另外，因为众所周知的物质第一原则，人文资源的可持续发展是在自然环境的保护这一前提下进行的，同时人文资源的保护的意义和尺度、措施有待更细致和深入的考证和研究。

现阶段具有中国特色的生态旅游应该是：生态旅游是提供给旅游者，前往未受或少受干扰的自然生态或社会生态地区享受自然风光和探访特色文化或天人合一景观的新型旅游产品，相对传统大众旅游这种旅游产品对于相关受益者均有严格要求，尤其是环境保护意识和行为的要求；同时，生态旅游提供给当地社区和居民经济发展机会；并承当环境保护教育和深入人心的重要任务。应当廓清生态旅游与其他旅游形式的区别，生态旅游不应该再与其他旅游形式混搅在一起，这样有利于相关政策、法律法规、设计规划甚至经营管理的执行和落实。大众旅游作为一种大众化的消费方式，主要特点是旅游者人数众多，旅游线路为大家所熟悉，产品标准化程度高，旅游经营者往往采取薄利多销的经营方针。大众旅游在吸引物的资源基础、旅游者的需求和旅游方式方面都与生态旅游有着巨大的差别；其特点是：缺乏个性化和灵活性，常常忽视地域的差异性，因而会产生一系列"大众化"的问题；但有专家认为大众旅游并不是必然和不可持续发展联系在一起的，相当一部分大众旅游的问题可以归咎为操作管理机制上的弊端所致。生态旅游除了在旅游吸引物的资源基础上与大众旅游有所区别以外，更有力求通过适宜的管理来解决大众旅游中存有的问题，也就是说，管理层面的责任和观念以及对策有所变化和改进；但生态旅游不能完全替代大众旅游。此外，严格意义上的生态旅游的小规模控制，将导致生态旅游的经济影响略逊于大众旅游，甚至落差很大；而生态旅游由此起到的环境保护功能却是大众旅游不可及的。自然旅游是利用自然资源（包括风景、地貌、植被和野生动物等）而开展的以经历和享受大自然为目的的一种旅游方式，如野外摄影、狩猎、垂钓等。界定自然旅游只需要考虑游客的出行动机和旅游活动本身，而无须考虑文化、经济和环境等方面的影响。生态旅游却是有其严格规范的：生态旅游对游客的环境保护意识和行为有责任要求和培养目标；对于当地社区文化的完整性和经济受益承担责任。与此相比，自然旅游的一些强调自然开发和无节制利用，以及允许的损害自然环境的旅游行为是与可持续发展原则想违背的。生态旅游中的旅游对象为自然资源的（占生态旅游的绝大多数）旅游，即在自然基础上的专项旅游，与自然旅游有所重合，等同于可持续的自然旅游。此时，二者是有共同之处的：大自然是两种旅游形式的相同旅游资源基础，不同的是，自然旅游单纯利用自然资源吸引旅游者，而生态旅游更强调享受大自然的同时对自然保护的贡献。另外，生态旅游不仅涉及自然资源基础，也涉及社会和文化资源。

可持续旅游来源于可持续发展理论，其内涵相当广泛。有学者认为可持续旅游不是单纯的旅游形式，而应该是从可持续发展的概念中引申出来的旅游业发展的原则，是一种重要的发展理念，使用于所有能够在长期发展过程中与自然、社会、文化环境和谐共存与协调发展的旅游形式，即在一个地区范围内以能够在一个不确定的时间内保持的方式和规模开发并维护的旅游，它不会将其存在于其中的环境（人类和物质）降低或改变到阻止其他活动的程度，而且从长期来说对经济、社会、文化或环境的完整性不构成威胁。人们普遍认为生态旅游是可持续旅游发展的一种有效的实现形式，但不是唯一的形式。

替代性旅游主要针对大众旅游或者大规模旅游提出，意为替代大众旅游的旅游形式；替代性旅游本身也存在内容宽泛，指定不确切的问题，目前出现的多种形式的旅游都被冠以替代性旅游。生态旅游也是替代性旅游的一种。替代性旅游的初衷也是为了修正大众旅游的弊端，强调环境和文化的保护；但真正进行的替代性旅游包括了主客体之间直接的个人交流和文化理解。替代性旅游仍存在争议，但不应该混淆生态旅游之中。生态旅游中生态旅游者作为活动主体有着至关重要的作用，是实现生态旅游可持续发展战略的核心。界定生态旅游者范畴、描述其行为特征及责任很有必要。生态旅游自身的界定不尽相同，导致对应的生态旅游者的概念有相同的困扰。对应于以上生态旅游概念的辨析，对生态旅游者的界定如下：理想化的生态旅游者应该是可持续发展战略指导和认知下，有强烈环境保护意识、坚定的生态价值观念、懂得悉心对待自然与文化并有相应主动和具备创造力的保护和促进行为，在享用个体的权利的同时能够对生态旅游地做出尽可能大的物质和精神贡献。

现阶段，生态旅游者可以分别划入广义和狭义生态旅游者之列，广义生态旅游者：参与生态旅游活动的任何主体人群。狭义生态旅游者：以生态旅游诸个责任目标为导引，对生态旅游产品要求高，个人行为负责任程度高，主动性强，对生态旅游地贡献大的生态旅游活动主体人群。在我国，生态旅游肩负着将广义生态旅游者培养转化成为狭义的生态旅游者的重任。旅游供给包括旅游对象（目的地）和旅游服务。生态旅游者要求旅游对象自然环境的未受或少受侵染，特色文化的原汁原味，热衷于体验大自然的神秘、特色文化的情趣，从中领略美学、科学乃至哲学的文化价值；

生态旅游者要求旅游服务自然、环保、具有地方特色。生态旅游者的旅游活动具有促进环境保护和社区发展的特征，他们能够在责任感的驱使下，进行丰富多彩的生态旅游活动的同时，自觉要求自身行为不对生态环境产生破坏，尊重和维护当地人与自然和谐的特色文化，并为所在社区经济发展做出贡献。生态旅游强调旅游区域和对象不受损害，这便要求生态旅游者必须具备一定的素质，无论从身体素质、道德素质还是环境保护认知和文化修养方面，都应该达到一定的水准和层次。合格的生态旅游者具有较强的环境意识，为数众多的生态旅游者在从事生态旅游活动时对维护我们赖以生存地球的健康能够发挥重要作用，培养更多的生态旅游者则意义深刻：有助于生态旅游的目标的实现、扩大生态旅游客源、提高全民环保意识。生态旅游区可以通过以下途径达到生态旅游者有关自然知识和环境知识的培养和提高。

（1）建立环境解译系统，环境解译是向旅游者说明生态旅游区域地域特征，使旅游者了解和意识到保护的重要性，从而形成支持保护的期望和行为的一门艺术。生态旅游区的环境解译系统必须在研究当地的自然环境和社会文化以及调查生态旅游者对生态旅游区的需求、期望和行为的基础上，确定解译目标、对象和内容，选择解译策略，并在之后进行评估和信息反馈，进行必要的修正。生态旅游环境解译系统可以以游客中心、展览馆、陈列馆、影视厅、标牌等多种形式提供。

（2）培养生态旅游导游人员，生态旅游导游人员在培养和提高生态旅游者的责任感和环保意识方面很关键，导游人员应从较高的视角审视和要求自己，充分发挥自身在旅游活动中的宣传、引导和教育功能，把游客转变为真正意义上的生态旅游者。·生态旅游导游人员的培养也应该是有计划、有组织、有目的的，并持之以恒，贯穿始终，以配合生态旅游本身的发展。当然，现阶段我国的人员素质决定了要使旅游者达到和体现出生态旅游者的特点和行为，依靠单纯的教育宣传是不够的，必须采取一定的法规法律和制度手段，同时运用技术手段予以限制和管理。

3.3 生态旅游的可持续性

生态旅游的可持续性从四个角度衡量：生态可持续性：最基本的是指生态旅游业的发展不会对旅游目的地生态环境造成不可逆转的变化，而世界上很多受保护的自然资源都深受旅游活动的影响。社会可持续性：生态旅游社区对生态旅游（产业和游客本身）的接受能力，且不会造成社会不和谐关系。文化可持续性：一个社区在所谓的游客"残余文化"和"游客文化"的双重压力下，能够维持和适应自己独特的文化个性。经济可持续性：当地社区能从中获利，为居民创造适当的经济收入（比较因旅游活动的开展而带给他们的种种不便而言），并能维持为满足游客的需要所采取的种种特种措施的费用；经济可持续性的前提条件是旅游目的地的旅游吸引力和高水准的游客需求供应能力，在世界市场上缺乏竞争力的旅游目的地，经济不可能做到可持续。生态旅游的可持续性反映在生态旅游开发和发展是以保护自然生态资源和生物多样性为前提，通过创造利润资助环境保护和地方经济发展，积极鼓励地方参与旅游业发展的机会中，维护文化完整性和价值。理想状态下，地方社区、环境资源保护和生态旅游业发展是互利共生相辅相成的关系；但现有的发展阶段中，生态旅游发展常常会出现有待解决的负面效应，还不是一种一劳永逸的绝对可持续旅游。

就生态旅游发展战略而论，以下4个目标共同组成了生态旅游发展战略的基础：（1）经济目标：为了优化旅游业对于经济发展、收入和就业问题解决的引导和推动作用，必须创造一个利于旅游业可持续发展和地方社区参与的良好经济环境。（2）环境目标：通过鼓励刺激负责任的规划和管理实践，以及对自然和文化资源的保护，为旅游业可持续发展提供物质基础。（3）社会目标：通过提供多样化的产品基础，提高产业标准，保护公众兴趣和旅游新开发区的完整性，为游客体验质朴真实的旅游经历提供便利，为旅游业良好的社会产出提供保障。（4）支持目标：通过鼓励和刺激必要的观念意识，提高的规划协作、调查研究、教育、培训和发展的支持，协助旅游业的发展。生态旅游的战略目标虽然表现在一定的市场和环境问题，但实质则是公平问题，其中公平伦理原则涉及：（1）人与自然：破坏生物栖息地、损蚀资源、危害生物生存的旅游对自然界和其他生物不公平；（2）社会影响：现代人损害或侵犯后代人的发展权利、旅游者侵扰旅游目的地文化和生活对于社会和当地社区是不公平的；（3）人际影响：经营者提供名不副实的生态旅游对象或服务、使旅游者未能得到真正的生态旅游经历和教育对旅游者不公平；（4）区际影响：旅游经济收益和经济参与机会不能做到在社区中平等分配，在生态旅游区域民众之间发生不公平。

生态旅游的开展遵循以下原则：与积极的环境伦理标准一致的原则；保护资源完整性原则；重视资源内在价值认识的原则；游客满意度衡量原则；管理原则。开展生态旅游项目集中在自然或文化环境脆弱带，因此会产生具有高度局部化的影响。在开发实践中，如何平衡生态旅游的发展与环境或文化的保护问题，以及两者在何种程度上相互促进是关系到生态旅游业能否可持续的核心问题。现阶段，我国生态旅游发展的胁迫因素有以下几点：政府部门缺乏用生态学原理指导经济发展的意识，迂腐的认识、保守的态度所造就的极端保护力量与急功近利的短期利益者并存，而且以破坏性严重的后者居多。旅游业往往由外来的资金大户所控制，在获得极高的利润利益驱使之下，超载接纳游客，建设破坏性强的旅游设施。黄山、九寨沟、张家界、汤浴太白山均有此种情况发生。缺乏将社会需求纳入旅游业发展计划的机制，管理水平低下，无据可依。

生态旅游的核心是生态旅游资源的保护，生态旅游的保护性开发和规划遵循以下基本思路：采用系统和保护的观点争取旅游可持续发展目标的实现，在控制承载力、原汁原味、社区居民参与、环境教育的原则下进行保护性开发，保护性开发经过以下步骤：

（1）市场分析；

（2）确定保护目标和重点；

（3）自然生态环境调查评价；

（4）确定旅游承载量；

（5）设计旅游设施；

（6）参照社区参与设计方案；

（7）形成规划方案；

（8）环境影响评价；

（9）执行规划；

（10）环境监测并反馈；

（11）优化调整规划和设计。

注重培训和教育，管理监督。生态旅游在我国的迅速兴起的同时也带来了诸如环境破坏严重（不符合生态旅游的基本目标—环境保护）、环境教育效果欠佳（教育功能）、当地人尚未真正参与（扶贫功能）等问题，以下针对中国生态旅游良性发展稍做分析。

纵观中国生态旅游实践中出现的一系列问题，引发原因分析如下：（1）旅游业外部原因，我国国情现状为总体经济水平不高、公众环保意识较差、国内旅游市场尚属大众观光、度假旅游阶段、国际客源主要倾向中国文化旅游，即生态旅游市场不成熟、外部环境欠缺，因此，不完全具备开展生态旅游的条件。（2）生态旅游自身发展生态旅游概念和实践在世界范围都存在认识不清、涵义和功能模糊的争议；在生态旅游发展历史相对更短的中国，由于存在寻求适宜国情的发展道路的必须，同时受实践操作中设备缺乏、人才短缺等问题的影响，整个生态旅游处于较盲目和混乱的状态。（3）旅游业内部，旅游业界作为实践者，对生态旅游认识不清、管理混乱，更有甚者打着生态旅游的幌子招揽顾客，谋求暴利；旅游决策层缺乏环保意识、少有尊重科学的观念，或极端的长官意识；生态旅游区归属不清，出现利益争端；真正科学的旅游规划少，真正科学的旅游规划的实施困难；生态旅游示范区和较完善的成功经验少。从我国生态旅游发展条件判断，在有目的的汲取国际经验的基础上，我国生态旅游应立足于对我国现阶段生态旅游发展的条件评估上。

优势条件，我国发展生态旅游的自然条件优越，生态旅游资源呈多样化。我国可持续发展总体战略已确定，各管理部门纷纷发起生态旅游的号召并采取积极措施进行推动地方政府积极支持，生态旅游需求逐渐扩大，国内有可以借鉴的天人合一的文化渊源；国外有可以借鉴的现实案例经验。劣势条件，国内生态旅游市场尚不成熟，环境保护意识淡漠，生态旅游研究滞后，生态旅游开发缺乏相应的理论支持和技术手段。生态旅游区管理混乱，地方参与缺乏指导和培训。

因此，构建生态旅游区发展的利益驱动机制，在我国直接参与生态旅游活动过程的以下几个利益主体，第一个就是参与生态旅游活动的游客；第二个就是生态旅游区所在的当地居民；第三个就是生态旅游区的管理部门；第四个就是在生态旅游区经营的企业，针对生态旅游者开发经营生态旅游产品的旅游企业。了解每个利益主体的目的并合理划分各个利益体的合理权限和职责，建立生态旅游区发展的利益驱动机制，协调和保障各方生态旅游发展中的利益，是我国生态旅游实践的关键所在。因此，国家或者各地相关管理部门作为执法机构进行监管，防止资源的不合理使用和破坏。这些区域的经营采取许可证制度由企业承担。企业旅游收入的分回馈给当地以求获得当地政府和社区的支持。管理机构也可以通过增加当地管理旅游的权限更多的吸纳当地参与生态旅游开发。由于生态旅游企业承担了分环境保护的责任和社区就业的压力，所以国家应该在相关的政策上给予倾斜。企业在管理部门的环境要求框架内经营并对旅游者进行规范。管理部门对环境质量进行监测和检查。旅游者在享受企业提供的生态旅游产品的同时也要遵守行业规范，在生态旅游过程中培养自然保护的意识。加强生态旅游立法、加强环境管理、科学规划由于生态旅游区涉及生态系统脆弱敏感地区。在现有的自然保护区、森林公园等的立法基础之上，迫切需要建立有关开发和生态旅游监督的法律法规。在生态旅游区的管理方面，应该加强管理审批和环境管理。在生态旅游规划方面，具有专业水准的生态旅游规划队伍是良好规划的保障，在生态旅游企业的开发经营过程中，尽量采取对环境影响最小的一种开发方式和经营方式，实现绿色经营。在生态旅游企业的市场营销中，可以采纳一个可靠的认证制度或其他自愿性的规范制度，比如生态标识，以便向潜在客户表明其坚持可持续原则和所提供的产品与服务的可靠性。建立生态旅游从业人员的培训体系，吸纳当地社区参与生态旅游区培训体系可以主要考虑以下三个层次：首先，管理人员的培训。管理人员包括景区环境管理的主管部门工作人员以及生态旅游企业的高层管理人员。这种类型的培训可以采取"借用外脑"的形式，邀请生态学专家、旅游专家等来举办定期讲座、培训班等。其次，一般工作人员的培训。一般工作人员应该主要坚持就地转化的原则，对生态旅游区的规范要求和生态旅游企业的操作规范进行培训。这一层次的培训应该通过生态旅游发展的利益回馈机制，建立旅游技术学校、旅游专科学校等得到解决。此外，也可以通过企业内部的在岗培训完成。第三，对当地社区普通群众的环保知识教育。运用宣传教育栏、广播、电视等形式，把生态旅游环境保护的观念和当地文化、风俗等结合进行宣传，便于当地居民接受。在当地人参与的形式上要不断探索。当地人不仅要能够参与生态旅游的开发和经营，如当地人参与住宿接待、发展特色交通、旅游购物以及参与反映当地文化特色的旅游项目等，还要在生态旅游的开发决策时考虑当地人的意见。加强游客管理，进行生态旅游的市场教育，加强游客管理可以主要通过以下三个方面来进行：第一，要根据景区内环境承载力的状况，利用门票等经济手段、利用线路设计、分区规划等技术手段对游客进行引导，使其在时间上和空间上合理布局，以达到不破坏景区内生态系统的目的。第二，借助景区的宣传栏、宣传画、演播厅、书籍、手册指南以及导游解说系统对旅游者进行环境教育。旅游之前就应明确告诉旅游者应遵守的规范。特别是通过生态旅游企业服务人员的身体力行和生态旅游区周围社区的环保氛围使旅游者受到教育和感染。第三，生态旅游景区建立一定的法律、法规、制度，对旅游者的行为进行约束，避免对环境造成的不良影响。通过这些措施的实施，不但塑造了负责任的旅游者，也是在进行我国的生态旅游市场教育，必将加速我国生态旅游市场的兴起和成熟。建立生态旅游专家规划和指导的辅助系统，第一，应该建立生态旅游区与生态旅游研究机构之间的良好联系。聘请这些机构和专家担任生态旅游区的顾问或者组建智囊团，提供指导和咨询服务。从生态旅游区的规划开发前期考察开始就不断地为生态旅游的发展提供建议，定期为生态旅游区的管理部门提供必要的环境情况报告，并不断对现实发展中的偏差提出纠正意见。第二，加强生态旅游管理部门同研究机构的联系。建立生态旅游主管部门通过与单位的合作机制，加强生态旅游的理论创新研究、推动生态旅游的技术创新和管理创新，制定科学的生态旅游规范和技术标准。通过两方面的合作，充分吸收生态旅游研究的成果，把大量的专家和学者纳入生态旅游发展的辅助系统。

分阶段实施，根据各个生态旅游区的自然、社会经济等综合条件，着重考虑保护的有效实施，可以采取相应的初阶段保守措施，如控制规模、景点分流或必要的强制措施，待旅游区日益成熟并积累了一定经验后，再做相关变更和调整。（1）提出生态旅游有关概念的界定应该根据环境问题的紧迫程度寻找对策，尤其是中国实施生态旅游的规范化的紧迫性；（2）生态旅游是一项长期而艰巨的工作或任务，从整个生态旅游的发展来看，其最终目标是和全球范围内的全方位的可持续发展目标相一致和吻合的；（3）将生态旅游的进展分阶段规定，不断出台与各个发展阶段相适应的方式方法，同时针对不同层面规定相关环节的人员操守；（4）生态旅游是一种特殊的旅游产品，明确这一点，有利于防止生态旅游概念的泛化；（5）各方面的研究和实业人员需要联合并互补取长，在不断探索中谋求最快捷的修正、进步和可借鉴成果。

3.4 生态旅游开发实践

我国生态旅游经历了 80 年代的初步发展和 90 年代迅速发展阶段，其中，有关生态旅游的机构的成立和研讨会的召开对生态旅游的认识不断深化，对我国的生态旅游实践起到了推波助澜的作用。

目前，在国内，开放的生态旅游区主要有森林公园、风景名胜区、自然保护区等。生态旅游开发较早、开发较为成熟的地区主要有香格里拉、中甸、西双版纳、长白山、澜沧江流域、鼎湖山、广东肇庆、新疆哈纳斯等地区。按开展生态旅游的类型划分，我国目前著名的生态旅游景区可以分为以下九大类：（1）山岳生态景区，以五岳、佛教名山、道教名山等为代表；（2）湖泊生态景区，以长白山天池、肇庆星湖、青海的青海湖等为代表；（3）森林生态景区，以吉林长白山、湖北神农架、云南西双版纳热带雨林等为代表；（4）草原生态景区，以内蒙古呼伦贝尔草原等为代表；（5）海洋生态景区，以广西北海及海南文昌的红树林海岸等为代表；（6）观鸟生态景区，以江西都阳湖越冬候鸟自然保护区、青海湖鸟岛等为代表；（7）冰雪生态旅游区，以云南丽江玉龙雪山、吉林延边长白山等为代表；（8）漂流生态景区，以湖北神农架等为代表；（9）徒步探险生态景区，以西藏珠穆朗玛峰、罗布泊沙漠、雅鲁藏布江大峡谷等为代表。

生态环境旅游年推出的生态旅游的类型主要包括了观鸟、野生动物旅游、自行车旅游、漂流旅游、沙漠探险、保护环境、自然生态考察、滑雪旅游、登山探险、香格里拉探秘游、海洋之旅等十大类专项产品，共 193 项，向世界推荐开展生态旅游的森林公园 119 个，《世界遗产名录》中的中国风景名胜区 7 个，中国生物圈保护区 19 个，中国植物园 11 个。1999年，国家旅游局同有关部门逐步规划开发，建设了一批生态旅游区，主要类型包括了海洋、山地、沙漠、草原、热带动植物等。目前，我国生态旅游形式已从原生的自然景观发展到半人工生态景观，旅游对象包括原野、冰川、自然保护区、农村田园景观等，生态旅游形式包括游览、观赏、科考、探险、狩猎、垂钓、田园采摘及生态农业主体活动等，呈现出多样化的格局。

然而，我国目前生态旅游实践中出现的一系列问题，主要是由两大原因引发的，第一个是我国国情决定的，目前经济水平不高、环保意识较差、国内旅游市场仍处于大众观光、度假旅游阶段，尚不完全具备开发生态旅游的条件，在这种情况下，盲目引导旅游者进入生态系统较为脆弱的景区而引发的问题，诸如，生态旅游发展带来的环境问题严重，企业的有意识曲解生态旅游含义等等。第二个是由于生态旅游概念和实践在我国历史较短而产生的认识不清，设施、人员、法规等等的不配套问题。诸如，对生态旅游的认识不清，管理混乱、缺乏科学规划和专业人才等问题。（1）旅游环境问题严重，据我国人与生物圈国家委员会的一份调查资料显示：一些自然保护区违反有关管理条例，在缓冲区，甚至核心区内开展生态旅游活动。在已经开展生态旅游活动的自然保护区中，有 44% 的保护区存在垃圾公害，12% 出现水污染，11% 有噪声污染，3% 有空气污染。目前，有关开展生态旅游对环境造成破坏的报道常见于各种媒体，有 22% 的自然保护区由于开展生态旅游而造成保护对象受到损害，11% 出现旅游资源退化，一些地区还大兴土木，大造人文景观，破坏了自然美。李建国等对卧龙自然保护去研究后认为，每年 5 万人的旅游活动是造成保护区内大熊猫种群减少的主要原因之一。九寨沟没有设定游客容量的上限，所以 7 年前的游客量 13.9 万人次/年，已接近极限，1998 年这一数字增至 38.5 万人次，九寨沟水流中的有机质比刚刚开发的 10 年前大大增加。造成这些环境破坏现象的主要原因是一方面我国游客环境保护意识淡漠，另一方面企业等以生态旅游为标签和招牌吸引顾客，而不重视生态旅游产品的专业化设计和开发，不重视环境的管理。当然也与一些认识上的误区是分不开的。如一味强调对自然美的求乐求趣，不强调旅游过渡消费对自然的潜在威胁，对于推动环境保护是远远不够的。也显示出现在对生态旅游生态环境教育功能的存在明显的片面性，这是造成生态旅游地环境破坏的一个重要原因。

（2）生态旅游认识不清，正如前所述，我国对于生态旅游的内涵的研究还存在一定的分歧，不少人对生态旅游旅的理解仅仅停留在走向大自然，对生态旅游的涵义缺乏充分的认识和理解，而忽视了生态旅游的环境教育和文化保护意义。这种认识上的误区直接导致很多问题，首先是对生态旅游产品市场定位不清晰。生态旅游发展的经验表明，生态旅游应该定位为高层次的具有责任感的旅游者群。如 1990 年加拿大做的一项调查表明，加拿大一般旅游者有 20.7% 的人具有大学文化程度，而对于生态旅游这种，这个比例高达 64.9%，具有经验的生态旅游者（已经参加过）则有 96% 以上都上过大学。而目前在国内，对传统大众旅游客源和高层次的生态旅游客源没有区分，大批观光游客的进入，对生态旅游区的环境造成了破坏，其次，把大众旅游的开发方式和经营管理方式套搬到生态旅游区，开发管理不当造成环境破坏等。（3）生态旅游区归属不清，管理混乱，作为生态旅游主要载体的森林公园、自然保护区和风景名胜区在部门归属上却多头领导，分别归林业部门、建设部门、环保部门、水利水电部门等管理。

作为主要行业管理者的国家旅游局很难有所作为。此外，缺乏必要的管理机制，政府部门、旅游业者、游客和旅游地所在社区没有形成良好互动，无法确保部分生态旅游的收入用于环境保护，无法保障社区群众的合法权益，更不能保障游客能够获得充分的环境教育。（4）生态旅游发展所需的专业技术、管理等人才缺乏，真正意义上的生态旅游对产品设计有很专业化的要求，技术较为复杂，而我国生态旅游发展实践尚短，生态学和旅游学又相对独立，既懂生态学知识和旅游学知识，同时又能正确把握生态旅游内涵的专业人才一度缺乏。因此，现在生态旅游开发中不仅缺乏生态旅游开发、经营和管理人才，同时也缺乏专业服务人员和对当地社区宣传环保知识进行环保教育的专业人才。因生态旅游引起的对生态环境影响的评估和保护措施的制定依赖于众多的生物、地理、气象等诸多领域的专家参与。缺乏真正科学的生态旅游规划，生态旅游项目成功与否关键在科学规划，我国目前生态旅游开发规划存在较大问题，首先是开发队伍的问题，生态旅游专业性很强，面临多重目标，所以不仅需要多方面的专家。同时要考虑到生态环境的保护和社区经济的发展还要吸纳当地居民代表参与，而我国现在的生态旅游开发规划队伍仍沿用传统的大众旅游规划的人员结构，这已经不符合生态旅游规划的要求。其次，规划中保护意识淡漠，缺乏必要的保护手段和技术，或者不能很好的实施这些技术。此外，过度开发，盲目建设问题突出。一些保护区在缓冲区、甚至核心区内开展生态旅游活动。

目前一些企业为了迎合旅游者要求环境质量、追求环境教育的心理，为了自身的经济利益，在主观上有意识地曲解生态旅游含义，把生态旅游的概念泛化成一种标签，招揽游客的招牌，这必将对我国的生态环境和生态旅游发展带来极大的损害。由于环境问题的棘手性和涉及宽泛性，以及世界各国长久以来所形成的各种相异局面，生态旅游的理论和实践发展不仅存在不同经济发展状况下的地区差异，而且在尚属研究初期的现阶段存在基础性概念的众说纷纭；生态旅游的研究历程充分反映了生态旅游研究的进展和诸多成果以及相关研究机构、组织和各类会议对于生态旅游稳步前进的推动作用，其中发达国家的理论研究和实践经验较为成熟；生态旅游扩展开来并值得深入研究和探索的支课题很多，涉及其基本概念与保护的关系，区域影响、教育等；中国生态旅游研究历史较短，同时具有特定国情；在消化和引进国外研究方面，不同专业领域的研究人员的切入点和深入程度不同；亟待建立各种生态旅游示范区和生态旅游区监测、回馈、反复调整的运转机制，同时加快并细化和深入各个相关理论研究。

第四章 徒步旅游理论与实践

4.1 关于徒步旅游的理论探讨

旅游产业正在如火如荼地发展，各种新鲜而富有刺激性的旅游产品层出不穷，其中各种各样的徒步旅游尤为引人注目。不仅徒步旅游参与者越来越多，而且新闻媒体也给予了极大的关注，不断跟踪报道各类大型的徒步旅游活动和新挖掘的徒步旅游目的地。那么，徒步旅游的吸引人之处到底在哪里呢?这种旅游活动为什么会产生呢？中国现代的徒步旅游，来源于民间的探险活动。中国当代的探险是从 20 世纪 80 年代开始的。1986年，"长江漂流"可被视为中国当代民间探险历史的开端。当时参与探险者，主要是一些野外考察的工作人员，其中主要由地质和植物学家构成，还有部分摄影爱好者以及具有为国争光热情的年轻人。而且，当时也出现了一些徒步走长城、黄河、长江、"丝绸之路"、西藏西部无人区与常人难以到达的墨脱地区以及穿越沙漠的职业探险家，如刘雨田、宋小南、余纯顺等，他们对徒步旅游的实践进行了很多有意义的探索。在当时，徒步探险还只是少数人勇气和梦想的体现，对于大多数人来说，仅限于了解和阅读勇敢者的事迹。

到了 20 世纪 90 年代，徒步探险才从真正意义上被人们所接受，被充满激情与勇气的城市"另类"年轻人当作一种新的生活方式来对待。但是，当时喜欢户外的人大多数都只是在都市的周围地区活动。随着新闻媒体对各种各样徒步活动的频繁报道，以及现有徒步旅游线路的完善和与徒步旅游相关条件的改善，如徒步装备越来越先进、专业向导越来越训练有素等，徒步旅游也更贴近普通徒步者的实际情况。各种各样的徒步旅游项目，也随之成为旅游新的热点，成为旅游者新的旅游体验。最初，各个徒步旅游者是通过俱乐部的形式自发地组织在一起，后来，这一新的旅游方式所创造的较大利润空间，也让旅行社加入了其中，逐渐形成了专门的徒步旅游线路、产品。今天， 在中国现有条件下，即使是自发组织的徒步旅游活动，也要事先制定计划、选择旅游地点、准备旅游装备等，实质上已成为自选式旅游产品。因此，这类活动与旅行社推出的徒步旅游产品都成为我们研究的范围和关注对象。那么，我们应该怎样来看待徒步旅游这一现象呢?在中国，徒步旅游又该怎样定义?这对于徒步旅游的发展、徒步旅游线路产品的开发与设计是十分重要的。

徒步旅游，在国外又称为徒步穿越，主要是从生态探险的角度来定义的。从生态探险的角度来看，徒步穿越的定义即："徒步穿越，是指除了借助一定的交通工具外，大部分旅行区域靠徒步行走的一种户外活动。是指从起点到终点，中间可能跨越山岭、丛林、沙漠、雪域、溪流或峡谷等地貌的一种活动。"如果将从探险角度得到的徒步旅游定义与从生态旅游角度得出的目的结合起来，我们就可得出徒步旅游的定义——徒步旅游是人们在具有保护自然环境和维护当地人民生活双重责任的前提下，借助一定的交通工具前往人际罕至的区域，大部分旅行区域靠徒步行走的一种户外活动。

从文化体验的角度来看徒步旅游，中国现有的徒步旅游线路中，有相当一部分属于文化体验型产品，如长城徒步旅游线路、各少数民族地区徒步旅游线路、古迹徒步旅游线路、民俗风情徒步探奇线路等等。参与这种旅游活动类型的徒步旅游者，更加关注当地独特的民风民俗、文化传承等人文内涵，具有尊重传统文化的负责任态度。因此，从这个角度来讲，徒步旅游的定义就是： 徒步旅游是人们深度了解一个地方的自然、历史、风土民情、及社会习俗等，借助一定的交通工具前往该区域，大部分旅行区域靠徒步行走的一种户外活动。由于，对中国传统文化涉足不深，不敢轻易对带有专项文化旅游性质的徒步旅游给予评价，所以本文尚未就文化体验角度的徒步旅游定义做深入探讨，只要留待今后进一步研究。

4.2 徒步旅游的目的

人们参与徒步旅游活动，有着强烈的动机和需求，是为了实现各自特定的旅游目的。一般而言，理想化徒步旅游应该使参与的旅游者达到这样的目的，即：尊重与学习大自然，了解与理解人类作为大自然的一分子所具有的责任，做到不光把快乐留在当时和自己，应让更多的后代人也有机会接触大自然。了解城市以外的社会文化习俗和其他山地民族的文化，学会对其他文化的尊重、宽容和容忍，做到不光把快乐留给自己，也应关注他人，让更多的人也有机会共享生活的美好、生命的快乐、文化的悠久。只有这样，通过徒步旅行，才可以使徒步旅游者所获得的对其他民族的生活文化的欣赏、与大自然接触的快感不易离去，长久回味。并且，参加徒步旅游的人们在学习人与大自然本应该有的关系、关注其他民族的生活与文化环境的同时，提升人生理念、道德情操和生活品位。

但从保护旅游目的地的角度，理想化的徒步旅游应当做到：最小限度地影响旅游目的地的植物和动物的生存状态，最小限度地影响旅游目的地地区居民的生活、社会生活方式及历史文物。导游应把旅游地区特有的价值更深刻、更正确地向旅行者说明。旅行社推出徒步旅游线路产品、地方政府开展徒步旅游的相关措施与决策，应有旅游地区当地居民的参与。把利益还给该地区。所以，徒步旅游的目的应该是：保护旅游目的地地区自然与文化现状，利用该地区独特的自然与文化资源来达到观光、体验、学习、锻炼、生存挑战等等目的。而且，也要达到促使当地的旅游活动能够带动经济的发展、以及当地在接待旅游者的同时不使自然环境与文化氛围遭到破坏为目的。

4.3 徒步旅游产生的原因

徒步旅游作为现代旅游的一种形式，其产生与旅游本身的产生是一脉相承的。收入水平意味着支付能力，它对徒步旅游者产生的影响包括以下方面：第一，它影响着一个人能否成为徒步旅游者。第二，影响到徒步旅游者对旅游目的地及旅游活动范围的选择。第三，影响到徒步旅游者对旅行方式、旅游活动内容的选择。第四，影响到徒步旅游者外出逗留时间长短。第五，影响着徒步旅游者装备质量的高低和旅途安全及舒适程度。第六，影响着徒步旅游者在旅游活动中的消费水平和消费结构等。可自由支配收入的多少，是徒步旅游者产生的必要物质条件，也是实现徒步旅游的首要客观条件，但它并不是决定徒步旅游者产生和实现徒步旅游的全部因素。

闲暇时间，徒步旅游是徒步旅游者离开常住地之外的活动，是否具有闲暇时间也是实现徒步旅游必备的客观条件。一个人若有足够的经济支付能力，又有强烈的参与徒步旅游的愿望，但是缺乏闲暇时间，这一愿望便暂时不能得到满足，也就不能成为现实的徒步旅游者。由于徒步旅游主要是靠徒步行走在旅游地，所花费的时间较一般的观光旅游要长，是否具有闲暇时间常常成为徒步旅游爱好者决定参加某一项活动的主要条件之一。因此，中国的一些"驴客"，为了保证徒步旅游计划的实施，常常没有固定工作，每次工作都是为了积累外出资金，为了下一次的出行。身体能力状况必须能够满足徒步旅游的需要。徒步旅游虽说是一种享受，但徒步旅游的过程中往往充满着刺激与冒险，这都需要付出较多的体力，或者说需要有健康的身体状况才能适应。

人口结构及素质因素，从人口年龄结构来看，中国参与徒步旅游的大多是青壮年旅游者，而老年人参与徒步旅游的人数还比较少。从素质因素来看，教育程度和文化修养高的人更愿意参与到徒步旅游中来。这是由于一方面和他们的收入有关，另一方面是他们对现代社会的信息了解多，追求新的生活方式的欲望比较高，他们更愿意通过徒步旅游的一些特殊经历，获得不同于常人的心理感受。

文化信息因素，人们通过报刊、广播、电视、电影、徒步旅游的宣传材料等信息中介，可以了解更多的徒步旅游情况。人们知道得越多，就越希望有更多样化的新感受，徒步旅游气氛的良性循环，增强了人们参加徒步旅游的愿望。

气象气候等自然因素，徒步旅游是在一定气候条件、自然环境中进行的。一方面气象气候通过水文、土壤、地形、地域等地理因素，形成一定区域的自然景观、影响自然景观的季相变化，并构成徒步旅游资源的重要因素。另一方面，良好的气象气候、适宜的温度、明媚的阳光，是徒步旅游者身心舒畅、精力充沛、兴趣倍增，为徒步旅游创造了良好条件。反之，使人厌倦，影响徒步旅游的效果，必然会妨碍和限制人们的徒步旅游。一般情况下，参与徒步旅行的人们不会去进行不必要的冒险活动。

一个人要成为真正的徒步旅游者，除了要受客观条件的影响之外，还被其主观因素所决定。这个主观因素便是徒步旅游动机。动机是激励人们去行动以达到一定目的的内在原因。动机是在需要的基础上形成和发展起来的，动机作为一种内在因素，直接决定于一个人的行动。人们为了满足或实现某种需要就产生了行为的动机，愿望、兴趣和理想都能形成需要。动机与需要层次理论，徒步旅游动机是指激励人们产生旅游活动意向，以及到何处去并进行何种项目的徒步旅游的内部动力。根据美国心理学家 Abraham Harold Maslow 的需要层次理论，马斯洛将人的需要分为五个层次：第一，基本的生理需要，包括食物、饮水、氧气等。第二，安全的需要，包括治安、稳定、秩序和受保护。第三，归属与爱的需要，包括感情、集体荣誉感、感情联系（家庭、朋友等）。第四，受尊重需要，包括自尊、声望、成功、成就。第五，自我实现的需要。马斯洛认为这五个层次需要是逐级上升的，只有当低层次的需要得到满足后，才能追求高一层次的需要。当然，在某一时刻可能同时存在几类需要，但各类需要的强度是不均等的。旅游动机是人们在满足基本需求之后才会出现的，所以按马斯洛的需要层次理论进行分析，人们外出旅游活动只能与后两个层次的需要相联系。徒步旅游的发展实践证明，相当大数量的徒步旅游者的动机中，都包含这种探新求异的需要，或者说好奇心和探索的需要。除了探新求异这种积极的需要之外，还有一种消极的需要，即逃避紧张现实的需要。现代工业社会的快节奏给人的生理和心理都带来了很大的压力，为了消除紧张和摆脱厌倦，人们只好千方百计地逃避所生活的第一现实。就逃避的形式而言，徒步旅游比任何其他消遣方式都更为有效。

徒步旅游需要，旅游需求就是指在不同价格水平下，旅游者愿意购买旅游产品的量。徒步旅游需求可分为潜在需求和实际需求两类。潜在需求是指某人或某个群体，已具备徒步旅游需求的各项必要因素，但只是因缺乏行动的诱因才暂时不能成为购买者，这时的需求以潜在形式存在，便构成潜在徒步旅游需求。实际需求是指从事旅游活动的人的购买能力和购买欲望的结合。这受到旅游目的地的服务、社会、政治、文化、形象、设施等的因素影响，也受到能否找到志同道合者、或他人能否给予信心与勇气的鼓励等因素的影响。这些因素如果对旅游需求者构成阻力，旅游者参与旅游的愿望就不会很强烈。这些阻力一般来自地理位置、社会政治、文化、形象、观光设施等因素所产生的与旅游需求者心目中的距离。

徒步旅游动机，如前所述，人们参加徒步旅游活动的需要多种多样且有几种层次，这就决定了徒步旅游动机的多样性。具体的徒步旅游动机受到个人经历、知识和经验以及朋友、熟人的介绍与建议的影响，还直接或间接来自有关信息、媒体的中介。以下主要围绕一般的徒步旅游动机，结合徒步旅游活动的内容、方式等，将徒步旅游动机大体归纳分为三类：

（1）身心健康动机，这是人们暂时离开工作和家庭环境，以调节生活节奏而产生的动机，主要是满足人们休息、运动、娱乐、疗养等恢复或保持身心健康的需要。这方面动机的徒步旅游活动有一个共同点，即都是通过与身心有关的活动来消除疲劳、紧张和心理压力。大众观光旅游以火车、汽车、轮船、飞机等交通工具代步，行长游短，不如徒步旅行那样悠然自得、轻松自如、与自然亲近、与旅游地居民接触而获得身心的再生产。

（2）文化动机，这是人们为满足了解和认识异域异地的文化和增长见识的需要而产生的动机，其特点是希望了解、探究异国异乡的文化情况，表现了一种求知的欲望和猎奇的心理需求，常常也有重塑性格、磨砺意志、造就思想的奇异效能。

（3）社会动机，这是为满足人们保持与社会的经常接触进行社会交往的需求而产生的动机。通过徒步旅游，可增进对当地社会的了解，认识和结交新朋友。徒步旅游者的需要、动机和行为是紧密联系在一起的。就需要与动机的关系而言，需要是动机产生的基础，动机则由需要转化而来，没有徒步旅游的需要就不可能产生徒步旅游的动机。再从动机和行动的关系看，动机是行动的动力，行动是动机的实行。没有徒步旅游动机的产生，就不会由徒步旅游行动。徒步旅游者的心理因素虽在徒步旅游活动中占有重要的地位，但若与经济、时间条件相比，却处于从属的地位。从徒步旅游者产生的情况看，人们只有具备了基本的条件，在心理因素的激励下才参加徒步旅游活动。若仅有徒步旅游的要求和动机，而没有经济条件，徒步旅游者是不可能产生的。所以，在徒步旅游者产生过程中，经济条件是第一位的，心理因素是第二位的。比如，目前在中国，尽管有许多潜在的徒步旅游爱好者，他们有旅游需求、动机或时间，如在校大学生消费群体，但由于受到诸如没有可以自由支配的资金、无法购置必要的旅游装备等经济条件限制，因而不能转换为实际的徒步旅游消费者。专业的徒步旅游者或痴迷的"驴客"的数量不大，其原因也在于此。

徒步旅游是顺应现代人们旅游要求的旅游方式，旅游观念的成熟，使人们更多地以追求自身体验来参与旅游，从而促进了多种旅游活动的展开。现在，旅游已经越来越成为人们休闲生活中不可缺少的一部分，成为衡量生活质量的一种标准。但在中国旅游业发展的初期，旅游是一种盲目的行为，人们参加旅游与其说是自身主动需求的行为，还不如说是一种盲从、赶时髦。从20世纪90年代后期兴起的中国出境旅游中的"新加坡、马来西亚、泰国"就可以看出，由于当时人们生活水平所限以及人们的旅游消费的不成熟，旅游者更多关注的是价格。当时，旅游社之间的竞争，主要是价格上的竞争，因为低于成木的价格必须要通过其他的途径来弥补，甚至为了牟利不惜采取不合法的手段损害消费者利益的途径。所以，当时的旅游投诉主要集中于这一问题上，甚至影响了整体旅游业的形象。可以看出，旅游者所需要的仅仅是旅游的一次经历，而不是真正关注旅游的目的地以及旅游的方式。旅游者并不关注自身对新马泰旅游的喜好程度，而更多的需要"走出去"的观念。

如今，随着人们旅游经历的丰富、生活水平的提高和人们旅游消费观念的成熟，人们更多的是从自身的需要来考虑自己所选择的旅游产品。随着都市中产阶级的出现，户外活动和适度的探险已经成为其临时反叛都市常规生活的象征性活动。越来越多的人投入到了徒步旅游的活动中来，追求的是旅游过程的体验，所以这种旅游方式变渐渐发展成为一种时尚。体验经济时代的来临为徒步旅游提供了社会背景，21 世纪是体验经济的时代，每一种旅游产品都必须有自己的特色、有特殊的旅游体验，才能吸引大批游客前来消费。根据预测，21 世纪旅游者能发现的新目的地越来越少，人们的旅游活动将向个性化、专业化、特殊化方向发展。即使是已成名的旅游目的地，也要不断地注入新鲜的血液才能保持旺盛的生命力。人们走出庸俗化了的生活，踏上寻找新鲜的、能唤起记忆的旅途，以特殊的体验来感受人生的洒脱、感受自然的韵律、感受生活的美好、感受着从前没有感受过的一切，这才符合时代的主题。中国实行 5 日上班制，社会真正地进入了休闲活动中心，社会休闲活动时间的增多，带来了对多种休闲活动方式需求的增加。从休息和"再充电"的意识进一步发展到开发自我，对发展性休闲活动的需求更加明显地显示出来。旅游方面也是如此，人们不再像以前那种仅仅凭着对自然山水的热爱而进行单调的旅游，而是为了发现自然本身所具有的价值而旅游。比如，旅游者进行徒步生态旅游，也正是了解了人类本身是自然的一部分这一含义，最终目标是要为保护自然而努力。

生态徒步旅游正是新诞生的休闲旅游活动中比较热门的形式，它也属于新时代的休闲文化之一。生态徒步旅游讲究与环境相融合的旅游文化之中；而讲究与环境融合的旅游文化，是诞生于休闲活动中心社会文化圈的大背景下的。经历"非典"后，人们对健康更为关注，健康旅游成为旅游主题。人们在自然环境中既可以尽情放飞心情，又能够锻炼身体，因而健康成为了中国旅游活动的新主题。徒步旅游这一对于健康相当有益的活动，也逐渐融入到大众的旅游活动之中，成为大众关注的对象。

在各种交通工具日趋完善的今天，有不少旅游者舍弃便利和舒适，在出游时"自讨苦吃"，这对久居都市的人来说是对自我的一种挑战，选择这种形式旅游的人，通常有着强健的体魄，并怀着些许怀旧而浪漫的情结。他们认为坐着飞机，火车，汽车等交通工具东奔西走，在旅途中更多的时间只能是走马观花，很难达到让自己真正地融入自然，达到天人合一的境界。不但会错过了途中的许多好景致，也会错失了旅游中本来可以领略到的不少乐趣。旅游界有关人士指出，在人们日益崇尚自然，渴盼返璞归真的今天，徒步旅游作为旅游的一种新形式，将对越来越多的旅游爱好者构成强劲的诱惑。以 2003 年国庆黄金周为例，一些传统的观光型的旅游地也经营起了徒步旅游项目。一贯以乘船游为主的桂林漓江转而推出"徒步漓江"活动，风景秀美的三清山则推出高山栈道自行车游和天然岩壁攀岩体验，成为游客争相追逐的亮点。节日期间，一大批旅游者还聚集在海南保亭黎族苗族自治县，参加七仙岭登山比赛。这些都是徒步旅游日渐普及的表现。

4.4 徒步旅游资源的特点

徒步旅游资源具有自然存在的属性，徒步旅游资源绝大多数是自然形成、客观存在的，其地理环境的地域差异性为形成的基本条件。徒步旅游自然资源来源于自然旅游资源，自然旅游资源是天然赋予的。这些自然旅游资源为徒步登山、涉溪等徒步旅游提供了物质基础。徒步旅游人文资源在一般情况下也是自然形成的，是人类历史遗存和人类创造的物质、精神财富，它的形成是社会、历史、文化多方面作用的结果。徒步旅游者往往利用徒步的方式，有更多的时间了解、记录人类遗存和文化发展等景观。徒步旅游资源自然存在的另一个表现在，它是供徒步旅游者在原地享受，不能占为己有，也无法移动。

吸引力是评价徒步旅游资源的根本尺度，徒步旅游资源是诱导人们产生徒步旅游活动的吸引源，因此必须具有吸引徒步旅游者的功能。徒步旅游资源之所以能够对徒步旅游者产生吸引力，就是因为徒步旅游资源能从不同的方面满足徒步旅游者的徒步旅游需要和动机。一般来说，徒步旅游资源特色越明显，内容越丰富，影响越广泛，也就越为徒步旅游者所向往。特殊的徒步旅游资源往往具有垄断性。

徒步旅游资源的区域性，徒步旅游资源存在于特定的地理环境中，是地理环境中的重要构成要素，因此，徒步旅游资源的区域差异性是客观存在的。不仅自然旅游资源存在区域性差异，人文旅游资源也存在区域性差异。徒步旅游资源的差异性往往也具有特殊性。地理环境的区域差异规律主要制约着自然地理条件，而人们总是生活在一定的自然环境中，他们在这种特定的自然环境中创造出灿烂的文化。这些都不可避免地带上一定的地域色彩。正是由于一个地方的自然景物或人文风情具有吸引异地旅游者的功能，它才成其为徒步旅游资源。

徒步旅游资源的季节性，徒步旅游资源的季节性是由徒步旅游资源所处的纬度、地势、气候等因素所决定的。季节的变化对异地人来说，既存在对气候的生理适应问题，同时也是一个挑战问题。对徒步旅游者来说，战胜环境、追求自我价值实现、验证自己的能力。

徒步旅游资源的多样性，从徒步旅游资源应具有吸引力这一特点出发，我们可以发现徒步旅游资源多样性的特点。从前述旅游资源的分类中可以看出，各种自然、人文因素都成为徒步旅游资源的可能。另外，它还表现为徒步旅游者对需求的多样性。人们在徒步旅游过程中既可以进行健身、休闲旅游、猎奇探险，又可满足对美的事物的观赏，获得丰富的知识，增加智力；还可以从辉煌的古代建筑、历史遗存中追寻古老的文化，并可从身边的一点一滴平凡生活中体验民风民俗。

徒步旅游资源的变化性，徒步旅游是以徒步行走为旅游形式，且多数以自然风光为背景开展活动。以山岳、水体、动植物为依托，许多自然旅游资源要素随时间变化表现出不同的组合关系。气象因素在一日之内往往会发生很大的变化。徒步旅游资源总是随着人类物质文明和精神文明的进步不断补充、发展。旅游需求的变化直接影响到徒步旅游资源的吸引力，吸引力常常会因为人们兴趣的转移而降低，使整个徒步旅游资源地具有明显的生命周期变化。因此，只有不断地开发、增添新的徒步旅游资源种类，丰富徒步旅游活动内容，才能使吸引力持续，旅游地兴旺，徒步旅游除了具备生态旅游所共有的特点外，还具有以下的特点。徒步旅游的市场和规模的特点，徒步旅游的市场定位，首先主要集中在中国大城市的中产阶级。

这部分人的年龄段主要集中在 20 岁—45 岁之间，这个年龄段的人精力充沛，正在创业或者已经成功创业。他们对新鲜事物和不同于自己生活地的地方保持着浓厚的兴趣，同时又由于具备一定的生活经历，对自己的行为有一定的理性和控制力。由于旅途可能会集登山、攀岩、漂流、溯溪、定向野越、野外生存等于一身，难度较高。徒步旅游者要具备良好的心理素质，如坚韧顽强、胆大心细、处变不惊，还要注重团队精神，乐于助人。同时，穿越者还必须掌握相关的知识和技能，比如地形图的使用、野外生活、攀登、各种装备的使用等。其旅游目的地应选择比较陌生，地形复杂多样，具有神秘感的地域进行，对徒步旅游穿越者来说，是对自我表现的挑战，从而激发了旅游者的激情和兴趣，这样也有助于他们提高在自我事业中的工作能力和自信心。

其次，中国高等院校学生市场也是徒步旅游者的组成部分之一。大学生们受到中国传统"读万卷书行万里路"观念的影响，试图通过徒步旅行的见闻，充实自己的经历，开阔视野，锻炼意志，并能够从缺乏活力与兴趣的学习、繁重的应试考试中解脱出来，短暂恢复年轻人活泼浪漫的天性。实际上，这种年轻人的自我教育和培养的效果，常常胜于单位上司、父辈家长、老师等外来的压力、正统的教训效果。第三，老年人市场也具备一定的潜力。在韩国和日本，老年人的徒步登山活动随处可见，已经成为了一种习惯而不是流行了。而在中国，目前老年人的徒步旅行，还处于作为休闲娱乐活动形式之一的阶段。许多城市退休老人和农村老人只有在宗教朝拜活动中才进行徒步登山，还未发展成为与健康相结合的旅游活动。随着中国社会经济的持续发展，人们现在的生活水平提高了，老年人的身体条件和经济条件也允许他们在晚年还能出去走一走。中国正在进入老龄社会，把旅游和健身运动相结合的徒步旅游，一定会倍受老年人的青睐。只是在目的地的选择和日程的安排方面要与别的市场有所不同。应选择风光宜人、地形简单、住宿方便的地方。虽然徒步旅游的市场较小，对象较为单一，但对于旅行社来说，所需要的宣传策略的目标较为单一，宣传手段比较容易有针对性，更容易抓住目标市场的心理。因此，相对来说操作难度并非太大。

总的来说，徒步旅游的过程有着有惊无险的刺激性，讲究的是旅游体验的原始性和真实性。旅游者讲究的是与大自然，与当地的原生风貌交融为一体。徒步旅游可以全身心地投入自然，并且不断挑战自我，倍增勇气与对生命的热爱。因此，徒步旅游过程的特点有：富于求知、探索性。徒步穿越者每准备一次穿越活动，都要对徒步穿越地区进行充分了解。难度大，内容丰富。徒步穿越活动有时会集登山、攀岩、漂流、定向越野、野外生存于一身，是一项综合性强、强度较高的野外活动。对穿越者的素质要求较高。徒步穿越者要有良好的心理素质和道德水准，还要有团队精神，乐于助人。同时，穿越者必须掌握相关的知识和技能，并具备一定的天文、地理、生物，物理、化学等知识。

徒步旅游与常规旅游相比，要想做到让游客满意，需要更专业的信息和服务。就徒步旅游自身的特点而言，旅游者往往亲自参与旅游产品的设计；并且徒步旅游与常规旅游相比，更具有风险性。因此，经营徒步旅游的旅行社最好实现专门化，这样才能适应徒步旅游的需要，满足徒步旅游者的要求。要很好地完成一个徒步旅游产品，所需要投入的人力、物力大大高于常规旅游产品，所以，徒步旅游产品的价值高于常规旅游产品，其价格自然也高于常规旅游产品。作为徒步旅游目的地，首先应具备以下的要素：旅游地是一个运行良好的自然或半自然生态系统，旅游基础设施与自然环境相协调， 旅游规划及景点设计符合基本生态规律（即设施"生态化"）和文化传统，具备原始、真实的旅游体验，刺激的旅游参与过程，通过旅游使旅游者能感受到"天人合一"的生态和谐；旅游过程对旅游地生态环境破坏程度低，提高旅游者的环境保护意识等突出特点。徒步旅游活动项目开展的目的地具有很强的区域性，要求旅游项目开展的目的地高品位性与高起点相结合。徒步旅游绝大部分有路遵循，可进可退，路途中有村落，间距不过两天路程，且当地民风淳朴，可做补给，休整。沿途风景秀丽壮美，令人留连而忘却旅途劳累。徒步旅游的目的地，可以分为两种：一般的徒步旅游目的地，目的地区域是风光宜人、地形类型相对简单、住宿比较方便的地方，比较适合刚开始涉足徒步旅游或者注重享乐的徒步旅游者。典型的野外徒步旅游目的地，徒步穿越的目的地区域往往是在穿越者比较陌生、地形复杂多样、具有神秘感的地域进行。该地区地形类型较为复杂多变，人迹罕至，没有现成的路可走，没有明确的路标指示方向，只有依靠地形图、指南针、海拔表，再加上自己的头脑来判断方位。对徒步旅游穿越者来说是对自我表现的挑战。

4.5 徒步旅游开发实践

根据国内外徒步旅游的产品，我们可以将徒步旅行分为旅馆式徒步旅行和野营式徒步旅行两种类型。

（1）旅馆式徒步旅游

旅馆式徒步旅游是指在旅游过程中住宿和用餐的设施在一起而进行的徒步旅游。例如，攀登珠穆朗玛峰这样的类型即是属于路途上有食宿的场所，有搬运工与导游跟随，导游负责带路，搬运工负责运送登山物资等。

而且当天的所有路线计划与食宿等一切都被提前计划好，费用因人数、时间、路线等而不同。

（2）野营式徒步旅游

野营式徒步旅游是一种住宿、设施与装备等物资全部由公司准备，并配备导游。用完餐后出发；到午餐时，搬运工和厨师已经在前方做好一切准备；晚上，除了食物外还备好了帐篷等待旅行者的到来。这是一种相对轻松的徒步旅游方式。

徒步旅游活动的客体，更确切地说，应称为徒步旅游对象，它是能够激励人们产生徒步旅游动机，诱使人们参加徒步旅游行为目的的诸事物的总称。它主要是指徒步旅游资源，亦可称之为徒步旅游吸引物、徒步旅游目的地等。徒步旅游对象是经过人为开发的事物，或部分未经开发的事物。对于徒步旅游对象中的徒步旅游资源，它不仅仅局限于现已开发的徒步旅游资源，同时包含有部分潜在的徒步旅游资源，它是徒步旅游者向往和探索的地方，它将随着徒步旅游者的不断涉足和开发而充实到旅游对象中。徒步旅游资源在徒步旅游对象中占重要地位。徒步旅游资源对目的地的选择首先以宽容的态度来对待生活、娱乐设施不足和服务质量较差的问题。徒步旅游对象是整个旅游产品中的重要组成部分，旅游业的开发者和经营者应学会正确地评价、积极地保护、科学地刀：发与合理地利用所在地的一切徒步旅游对象。当所有单体的徒步旅游对象有机地聚集在某一地区，经开发创造出的一个旅游环境后，该地区就被旅游者认定为旅游目的地。这个目的地的旅游对象种类越齐全，内容越丰富，数量越多，质量越高，就越能够吸引旅游者。

徒步旅游资源三要素的结构功能：徒步旅游资源是现代旅游活动的客

体，徒步旅游资源是作为徒步旅游活动的直接对象，即徒步旅游活动的客体而存在的，其范畴是自然和社会因素及其产物。作为徒步旅游资源客体的存在，它包含已经开发的徒步旅游资源和为开发潜在的徒步旅游资源，其范畴随社会经济的发展与现代旅游业的发展而发展，可不断地开拓与发掘新的徒步旅游资源为人类所利用。徒步旅游资源对旅游者的吸引力，在现代旅游活动中，徒步旅游资源作为客体，它与主体徒步旅游者的关系是密不可分的，其表现为徒步旅游资源对徒步旅游者的徒步旅游吸引功能，即使之能激发徒步旅游者的徒步旅游动机，参与徒步旅游活动，并以此来娱乐健身、陶冶情操、丰富生活。徒步旅游资源的效益功能，徒步旅游资源的开发利用，不仅为旅游业带来直接的经济效益，而且还能通过综合性的旅游消费活动，给其他相关产业带来一定的经济效益。当前，许多国家或地区把旅游业作为本国或本地区的支柱产业或经济增长点，体现了旅游资源开发的综合经济效益。徒步旅游资源的旅游效益功能同时体现于社会效益与生态效益。"三效益"功能也是旅游资源开发利用的特殊性。徒步旅游资源这一概念在我国是随着现代旅游活动的发展而出现的，它是旅游资源内容的一部分，目前对这种旅游资源这一概念尚未有统一的定义。根据前面的论述，我认为：徒步旅游资源是指在自然界或人类社会中，凡能对徒步旅游者产生吸引力，并能进行徒步旅游活动，为旅游业所利用，能产生经济、社会、生态效益，且更注重生态效益的客体。中国应当吸取国外的成功与失败的经验教训，发挥后发性优势，改进多方面的工作，促进中国徒步旅游的发展，建议采取的改善措施包括：

（1）加强政府的管理和基础设施建设

徒步探险旅游在开发上虽有"投资少、回报率高、吸引力强"等优点，但由于徒步项目相对其他常规旅游项目具有较大的冒险性和刺激性，因此，对徒步探险旅游业的管理和基础设施要求就显得格外重要。在徒步探险旅游开发中，应将安全问题置于首要位置。而在安全上，政府的定期监督、检查、科学管理以及完善的基础设施，是保障该旅游业发展的核心因素。对徒步探险旅游而言，徒步探险过程中的基础设施跟不上，就意味着旅游者没有人身安全和心灵的彻底放松。徒步旅游是生态旅游的一种形式，其宗旨就是为了能在创造经济利益的情况下，更好地保护环境。因此，政府在规划方面应该更多地参与：首先应对徒步旅游资源进行详细的调查研究，建立从可行性论证——开发规范——监督管理的科学可行的开发程序，不能在利益面前头脑发热，造成一拥而上"的无规划的开发，这与徒步旅游的宗旨是背道而驰的。同时，相关部门应编制具有指导意义的高起点、高标准、高水平的发展规划，以指导和协调徒步旅游资源的开发工作，制止生态旅游开发中的不良行为。真正实现经济利益、社会效益和生态效益的有机统一。为了更好的做好政府的科学管理工作，政府还应当制定严格完善的法律法规。因为完善的法规是科学管理的基础，只有以切实的法规作为保障，才能做到"以法兴游"、"以法治游"，杜绝一切违背徒步旅游开发宗旨的行为。进行徒步旅游资源的开发，很重要的一点就是要确定合理的旅游容量，而且必须要严格控制容量。徒步旅游并不意味着是完全的"无烟工业"，徒步旅游资源也都不是取之不尽、用之不竭的。因此，旅游发展必须要建立在徒步旅游资源的生态环境承受能力之上，并且符合当地的经济发展状况和社会道德规范。要做到这一点，必须对开发徒步旅游的区域进行环境影响和承受能力的评估，力争把徒步游客控制在生态环境承载能力范围之内，以避免破坏旅游生态。如何能让法规得以落实呢？

其基础就是公众保护环境的自觉性。因此，必须要重视加强生态意识，对当地居民和旅游从业者甚至于游客进行爱护自然、保护自然的教育，切实增强全民的生态环境意识和法制观念，是强制性的法律与公众自律的道德规范相结合。对损害野生动植物、白色污染、毁林、毁花木、毁文化古迹和在徒步旅游目的地乱搞商业网点的行为，要加强教育和坚决制止；要保持旅游地的岩石风貌不受污染和破坏。徒步旅游项目或线路所具有的特殊性是从事这些项目、经营这些线路的旅行社与相关地区的旅游机构和基层群众，存在一种特殊依存关系。因为，绝大多数徒步旅游项目所进行的地区，基本上不具备常规旅游项目开展的必须条件，特别是这些地区的通讯条件很差。因此，如果没有相关地区旅游机构和基层群众的大力支持和协助，很难想象徒步旅游项目和具体线路能够得以实施。多年来，新疆大自然旅行社尊重相关地区旅游机构的意见和建议，帮助他们开展团队外联和从业人员业务培训，利益分享等，建立了较为理想的互助合作关系，使徒步旅游项目在这些地区的实施有了较好的后勤、通讯保障。

对于旅游纪念品的开发，也要讲求生态、环保的观念，突出当地的特色，更要丰富旅游商品的文化内涵。一次性建立新型的旅游商品市场体系。同时，政府应该高度重视徒步旅游开发所带给当地的社会影响。虽然旅游不管是徒步旅游也好，常规旅游也好，都是学习和交流的良好机会。但是，以一种唐突和未加以解释的方式介入当地社会，也可能给相对封闭和贫困的当地居民带来不良影响。例如，可能会使如宗教仪式等部分文化商业化；当地旅游收益分配不均等。这就需要当地政府从各方面加以高度重视。毕竟，徒步旅游开发的前提是保护。

实施跨越区域的省、区、州、县之间，各景区之间的大联合，加大宣传促销力度，综观国内外旅游业的发展，区域旅游和精品旅游线路的开发模式，已成为一种总趋势。任何一种单项旅游活动，将越来越缺乏市场和竞争力，徒步旅游同样也是如此，况且徒步旅游在消费群体上具有较强的选择性。因此，中国今后在开发徒步生态旅游项目时，只有将其纳入区域旅游开发的大盘子中，才能增强活力和生机。依靠媒体和旅游者对于徒步旅游这一特种旅游方式更为敏感的关注度，来带动其他地区的知名度，也不失为一条可行的道路，对于其他景点也是一次很好的宣传。天山博格达徒步旅游线路，虽然是经典的徒步旅游线路，但只有将其纳入大新疆甚至大西部的旅游区域中，依托整体优势，才能能将品位极高的徒步生态旅游资源发挥到极致。由于开发上的不足，加上宣传力度不够，面对当今中国国内外区域性旅游发展趋势，仅仅靠徒步单项旅游项目，还是远远不能吸引广大旅游消费者，尤其是徒步旅游市场潜力较大的国外旅游消费者。将天山博格达徒步线路和附近地区的重点旅游区域联合起来，形成区域优势。这是天山博格达徒步线路向纵深发展的必由之路，也是未来大西部和中国其他旅游景点开发的大趋势。要讲求整体规划，统一布局。注意整体的多样性和个体的独特性，并使旅游景点互相搭配，互相补充，避免相互争夺市场，已形成良好的整体效应。在此次旅游过程中，对这方面做了一次成功的尝试。在由于旅行社方面给游客提供的资料不准确使游客对行程不满意，并要求提前回国的情况下，提议游客前往沙漠公园旅游，希望通过一冷一热的差别和沙漠对于游客的新鲜感来吸引游客，同时也让游客在长距离、长时间的徒步中获得休息。我的提议得到了游客的赞同，并与旅行社在价格方面达成了共识。在沙漠公园的游程中，游客对如此项安排很感兴趣，他们认为这个项目不仅仅是他们的身心得以放松，而且能够同时领略两种完全不同风格的景观。由此不难想到,旅游线路设计者为何不设计这样的线路,把西部差异性极大的景点结合起来,而不是让游客在同一类型的景观中反复游览。

在保护第一的原则下,加强硬、软件的建设,避免硬件不"硬",软件不"软"的局面,从中国目前的徒步旅游发展现状来看,大多数徒步旅游目的地均位于交通闭塞、经济落后、基本未遭受人为破坏的地区,开发上基本处于起步阶段,在软、硬件方面的建设还处于粗放型模式,这是制约中国徒步旅游持续健康发展的最大隐患。在徒步过程中的吃、住、行、购、娱等接待设施方面,旅游开发、服务、管理等机构之间缺乏基本的协调。尽管游客对徒步过程中的自然景观或者历史遗迹等景观与自身的融合等方面有着完美的感受,但硬件设施跟不上,就意味着旅游者在全程旅游过程中享受不到完美的旅游服务和体验。同时,在徒步旅游目的地,鉴于中国现在徒步旅游的主要参与者中有很大一部分是大中学生、中青年自助旅游群体,我们也不妨借鉴一下国外徒步旅游业的经验,建立一批适合上述群体经济实力的"青年之旅"等,在经济承受力方面向他们靠拢,从而使旅游设施的作用能够得以最充分的发挥。

对旅游管理及服务人员加强专业培训,这是发展旅游最重要也是最难以抓到精髓的难点。旅游地管理及服务人员知识、业务、技能等综合素质的优劣,直接代表该旅游地的形象。它要求从业人员对徒步旅游地地理、地貌、气候、水文等自然科学知识的熟练掌握,同时还要求掌握本地经济、文化、民俗、民风、宗教以及旅游相关的安全、健康等方面知识。至今为止,旅游管理及从业服务人员很少接受专门的职业技能训练,服务人员面临着业务、技能、语言(包括普通话、外语等语言能力)等障碍,很大程度上制约了旅游业的发展，尤其是对徒步生态旅游这类安全性、信誉度、服务质量等要求都很高的旅游项目。面对即将迅速发展的徒步生态旅游业，针对旅游从业人员类别和存在的问题，采取不同的方式对其进行培训。教育，以提高他们对生态旅游的认识，掌握旅游管理、接待服务、技术操作人员的基本知识和技能，涉外接待礼节、礼仪、外语听说等内容，技术人员岗位安全、技能和导游职业规范，景区景点旅游资源与生态旅游区有关的教育培训等，给徒步旅游者提供高质量的旅游体验服务。目前，从旅游院校和其它培训渠道出来的导游或其他人才，尚不能适应从事徒步旅游发展的需要。野外作业人员要一专多能，只能通过实践来解决。笔者的经验认为，目前有两种方法是行之有效的。一是以老带新，在接团中学习，但要及时加强野外作业所需要的准备餐食等等方面的技能培训。二是组织多学科顾问班子。他们一方面参与团队接待，在接待中进行地形地貌、民族人文风情的现场导游；另一方面在淡季对从业人员进行较为系统的上述知识的培训。人才质量和素质对徒步旅游的项目成功与否关系极大，应该有个长远的计划和严格的在岗培训体系。实行旅游开发承包责任制、股份合作制，以此增加旅游管理开发资金的融资力度和范围。目前，在中国普遍存在经济越落后、区位越闭塞、偏远，其旅游资源品位越高的现象。旅游开发需要资金积累，尤其是在近年中国刚刚开展的生态旅游业，足够的资金是生态旅游业成功开展的重要前提，也是生态旅游地自然生态环境完好地得到保护和持续发展的保障。而落后的经济条件和丰富的生态旅游资源开发，成了目前中国生态旅游开发的一个矛盾。因此，开发类似中国丰富的徒步探险旅游资源，资金的筹措是头等大事，而靠财政拮据的政府投入是远远不够的。为解决这一矛盾，承包责任制、股份合作制等形式是徒步旅游资源开发的重要捷径之一。通过风景名胜区管理局自主经营、利用我国西部人才发的优惠经济政策招商引资，将发达地区资金引入到本地，形成政府、风景区管理局、投资单位共同开发管理，以此来缓解政府资金困难问题。旅游业承包责任制、股份合作制已开始在少数地区进行尝试，在中国大范围的实行只是一个时间的问题。同时，上述融资方式是以市场经济为导向进行运作的，如果没有相应的对生态旅游地环境进行有效保护对策，旅游的持续发展也将成为空话。因此，这就要求建立一套完善的旅游地生态环境评价指标体系和生态风险、生态安全预警系统，严格规定旅游景点的生态承载量，并严格地执行。因此，企业投资并不是指政府就可以甩手不管了，而是要求政府把精力更多的是放在监督和管理上来。进一步培育和拓展徒步旅游市场，徒步旅游市场是一个尚待合理开发的市场，潜力很大。除了与同常规市场开发相同的因素外，徒步旅游市场的开发，要多做具体国家和地区人口的旅游文化心理趋向和探险历史的研究。比如，从 19 世纪中叶到 20 世纪 40 年代，来自德、英、美、法、日、瑞典、俄等国的探险家先后在包括新疆、西藏、甘肃、青海、云南、贵州等省区进行了时序达半个多世纪的探险考察，他们的探险成果至今仍以不同形式在出版。这些出版物对西欧及日本的游客具有一定的选择心理影响，许多游客来信将参与徒步旅游的游客依据这些出版物的内容提出了我们自己尚不十分清楚的历史、民族、地理、宗教等方面的问题，这是否提醒我们徒步旅游市场在上述国家受到历史和现实的双重影响，有些因素我们未曾注意到，但却是在影响游客的选择，因此这就需要我们从不同的视角来研究市场问题。当然，这仅仅是培育和拓展市场的一个方面，旅游从业人员要做的工作还很多，这里有一个是否具有战略发展眼光的问题。我们应该主动邀请主要市场国家的徒步旅游界人士参与国内徒步旅游项目规划和线路设计，这对拓宽市场、扩大徒步旅游项的影响和知名度，无疑具有重要的意义。

从发展战略角度来看，关于徒步旅游项目或线路的设计，应当强调两点。一是项目或线路设计涉及多学科知识，旅行社要动员学术界人，在实施过程中，要随着市场反馈随时进行修正和补充，做到旧瓶装新酒，年年有变化。在某个项目或线路经过调研而成为开发项目和线路后，要进行相当规模的推销宣传，使之推向国际市场。推销宣传品的设计要突出该项目或沿线最具新奇性和探险性的内容，尤其要注意从游客的角度推销和设计，包括不同国家或地区游客的文化心理背景以及他们对项目或线路涉及地区的了解程度。推销的方式和渠道包括参加国内外展销会、展览，或是请国内外旅游机构协助推销，或是直接向海外旅游机构推销，在推销中应该既介绍该项目或线路的内容和特色，也要对它们可能存在的危险性做客观说明。尽快完善旅游保险制度，加强对旅游保险产品的研究与开发。关于旅行社责任险：保费收取要做到具体问题具体分析，要考虑到各个地方各个旅行社的实际情况。由于旅行社责任险的保险费是记入旅行社成本的，若收费过高，负担过重，会影响其购买欲望。而且一些小旅行社无法和大旅行社相比，一刀切的保费使其无力承担。同时，针对实践中出现的诸如对有关条款的认识模糊的问题，应该不断地改进和完善相关的条款，适应实践发展的需要。关于旅游意外险：第一，要扩大旅游意外险的承保范围。保险公司要提高风险管理技术水平，应针对不同的群体，设计出不同的保单，尽可能为所有的游客提供合适的保单。在适当的时候，将广大的自助型散客纳入保障范围。要为特定的旅游项目提供单项保障，如专门的峡谷保险、水流漂流保险、惊险游保险等。游客选择此类游乐项目时，可以购买此类保险以提高保障额度。将过去不可承保的风险转化为可保风险。第二，各大保险公司应围绕旅游业的现状及其发展趋势，开发一批新的意外险产品，将旅游保险服务延伸到吃、住、行、游各个环节，深化现有产品之间的互补性，形成系统的旅游保险链，为游客提供全程式、一条龙的服务。第三，由于保险公司的大多数旅游意外险都是通过相关的网点代理销供。因此，险种的设计做到尽最规范化，简单易操作。在销售服务上，主要表现为旅游保险产品销售渠道过窄。大力发展旅游保险，保险公司必须改善与拓宽其销售的渠道，可以让旅游保险产品上银行柜台。现在大多数保险公司都与中国国内银行签订长期的合作伙伴关系，多为销售保险公司的分红险与投连险。保险公司完全可以利用这种合作伙伴关系，让银行代理销售相关的旅游保险产品。银行网点众多，银行销售旅游保险产品，既可以有效地节约保险公司的成本，又方便了游客投保，游客可以在银行办理支付款项时，既可办理旅游保险，同时还可以增加银行的收入，实乃"三赢"之举。随着互联网的发展，要积极地发展网上投保业务，推进旅游保险产品的销售。对于保险公司来说网上投保可以有效地节省营销和广告成本，减少中介环节和由于利益驱动给保险公司和游客带来的风险。24 小时全天候在线作业，可以使游客不受时间地点限制投保。有条件的保险公司可以与相关的旅游商业网站合作，通过网络推广和销售旅游保险险种。保险公司可以明确旅行社等中介代理机构在销售旅游保险产品时，有向游客进行必要的宣传和推荐的责任，以督促其做好宣传和推荐工作，扩大旅游保险的宣传覆盖面。旅游行政管理部门要切实加强对旅行社办理旅行社责任险的监督与检查，要将旅行社是否开办旅行社责任险作为对其考核的一项重要内容，如在向旅行社办理经营许可证的时候、在进行旅行社业务年检的时候，要对于没有投保旅行社责任险的旅行社进行必要的惩罚，以有效地提高旅行社办理旅游保险的自觉性和积极性。要采取措施，依法督促旅行社向游客推荐旅游意外险的责任和义务，使旅行社在普及旅游保险起到重要的作用。要尽快制定出一些关于旅游质量评判方面的法律法规，做到有法可依，这样才能在归属责任时更加明确，节约时间，节省人力物力。

第五章 乡村旅游理论与实践

5.1 乡村旅游理论基础

乡村景观是具有特定景观行为、形态、内涵和过程的景观类型．是聚落形态由分散的农舍到提供生产和生活服务功能的集镇所代表的地区，是土地利用以粗放为特征，人口密度较小，具有明显田园特征的景观区域。依据多学科的综合观点，乡村景观是一种格局，是历史过程中不同文化时期人类对自然环境干扰的记录，一方面反映现阶段人类对环境的干扰，另一方面则成为乡村景观遗产，成为景观中最有历史价值的内容。从地域范围来看，泛指城市景观以外的具有人类聚居及其相关行为的景观空间；从构成上来看，由乡村聚落景观、经济景观、文化景观和自然环境景观构成的景观环境综合体；从特征上来看，是人文景观与自然景观的复合体，具有深远性和宽广性；乡村景观区别于其它景观的关键在于以农业为主的生产景观和粗放的土地利用景观以及特有的田园文化特征和田园生活方式。

乡村景观是乡村资源体系中具有宜人价值的特殊类型，具有资源保护、开发、利用的产业化过程。在新世纪城乡关系下乡村资源体系主要包括以农业生产为核心的自然资源、矿产资源、土地资源、人力资源、资本资源和景观资源。过去我国乡村资源观念狭窄，将乡村资源等同于农业资源和矿产资源，忽视了能够推进乡村更全面、更健康和更持续发展的资源类型。乡村景观是可以开发利用的综合资源，是乡村经济、社会发展与景观环境保护的宝贵资产，具有多重价值属性的景观综合体，具有效用、功能、学习、娱乐和生态五大价值。乡村景观资源的开发有利于发挥乡村的优势,摆脱传统的乡村观和产业对乡村发展的制约,重新塑造乡村功能.构建产业发展模式,推动可持续发展和城乡景观一体化建设的重要途径。

依据作者刘滨谊教授对人类聚居环境的研究。人类聚居环境是一个广义的概念,突破了传统的人居环境概念,与可持续发展结合起来,扩展了人居环境的内涵。乡村人类聚居环境和景观是城市人居环境和景观不可分割的组成部分。刘滨谊教授较早从乡村景观园林和乡村景观规划与景观环境建设角度关注和研究乡村景观,使城市景观、人居环境与乡村景观一体化,构建区域景观协调发展与可持续发展人居环境。景观是自然、人文、生态,复合形成的景观综合体,是复杂的地域生态系统。景观生态是景观综合体的基本特征,是保证景观环境高质量存在的基本规律,也是景观评价、景观规划设计的基本原则。景观是众多景观要素组成的景观客体,人既是景观的组成部分.同时也是景观感受的主体。在特定的美学价值观的支配下,对周围的景观环境形成美学价值判断,获得特定的自然或人文的美的感受。景观规划设计的本质就是创造在获得应用、保护的基础上的美学价值。乡村不仅提供食物和居住地,而且提供丰富的观光游憩资源和场所。乡村景观开发利用必须将景观列入资源系列,景观是人类的自然遗产或文化遗产,是在过去时间尺度内形成、发展、演变而来的,并从原有的景观中继承下来的景观类型。树立景观资源概念来开发、利用和保护,以实现景观资源的可持续利用。

现代乡村景观质量评价中,既要突出景观的客观性,全面反映景观的特征(复杂性、深度等),同时要突出景观的认知程度,反映景观的主观性。因人的个性化特征和景观偏好的不同,不同的人对同一景观具有不同的认知感受和价值判断,进而影响景观质量的评价结果。由于人是乡村景观环境的最终评价者和消费者，人的感受有时会超越景观的客观性。因此，考虑景观质量、吸引力、认知程度、人造景观协调度和景观视觉污染等影响乡村景观美景度评价的因素，才能评价出代表绝大多数人群的美景度评价结果。乡村景观美景度评价主要包括：乡村景观客体质量评价主要指标有地形破碎度、相对高差的变化程度，山地陡峻度、绵延程度、地貌的区域组合（山体、平原或其它类型的结构）；植被覆盖度、类型（森林、灌丛和草地）、群落特征（植物的地带区系特征、植物造景），人工植被和自然植被的覆盖比例；水域景观面积比例、水体的形态、质量、稳定性、多种水体共存程度；天象变化、自然季节特征、天象奇观、多种天象发生且集中程度；聚落规模、形态；建筑特色、古建筑与传统民居的保存程度；景深、视野、景观变化、景观层次。乡村景观吸引力是指景观客体对景观消费者形成的特殊魅力，在"刺激—反映"过程中形成较强的心理反映。对景观的心理和行为冲动评价指标有自然景观质量（美景度）"、奇特性、稀缺性和特殊价值；景观的文化品位、风俗民情、民间节庆、历史传说、名人遗迹、传奇经历、宗教圣地、宗教活动、宗教信仰；个人的爱好和社会时尚。乡村景观认知程度取决于景观客体的深奥程度和认知能力两个方面。不同认知能力和认知角度能够发现同一景观的不同吸引力所在，这就是往往对同一景观形成不同评价结果的原因。主要评价指标有景观易解性、奥秘性、直觉认知、知觉认知和意象认知。乡村人造景观协调度的评价从人造景观规模和容积率、形态与色彩、建筑特征等与景观环境的协调和景观的隐藏性、集中性和高度上的协调性等指标来评价整体协调特征。评价指标有景观的扩散范围、容积率、形态（分维数）、色彩、景观的自然化和乡村化、用材的自然化、空间透视、高度上的协调性（通视走廊）、分布的集中度和隐藏性。乡村景观视觉污染评价主要从空间、文字、广告、垃圾、民间信仰和不文明行为六个方面全面评价视觉污染程度。视觉污染会太大降低和误导对乡村景观美景度韵感知程度。评价指标有人流密度、空旷度、错字率；随意书写的指示牌、通知和标语在视域中的出现概率、广告语言和画面健康程度、制作水平；生活垃圾的清理率、即时性；建筑物的迷信色彩和迷信建筑的多少、文明语言的普及程度、社区稳定程度和友善好客程度等。

乡村景观敏感度评价通常有两个含义，就是基于景观生态保护的景观生态敏感度评价和基于景观认知和乡村游憩产业开发的景观视觉敏感度评价，是在满足特定景观功能的前提下所进行敏感度评价。从我国乡村发展来看，敏感度评价主要包括了乡村景观生态敏感度评价、视觉敏感度评价和古聚落建筑环境的敏感度评价三方面：乡村景观生态的稳定性和敏感性因景观类型不同而不同，决定景观敏感度的关键是景观生态群落的特征。景观稳定与景观敏感度有着内在的联系，景观生态的稳定性愈强．景观对外界的扰动的敏感度就愈低；景观的敏感度愈低，景观容量愈大，景观稳定性愈高。视觉敏感度评价是以景观感知者移位换景的角度对景观环境的视觉敏感性进行评价，在于区别景观空间在视觉感受中的不同作用，保护和提高具有高敏感度景观质量，增强美景度。并慎重开发与建设，避免破坏或视觉污染。道路是感知乡村景观的重要廊道，是视觉敏感度较高的景观空间。道路和观景台成为视觉敏感度评价空间感知的依据。以廊道与观景台为据点，依据景观吸引力、可视程度、空间感知距离、象形特征和醒目程度对每一个观景点视域景观敏感度进行评价并复合成观光线路和敏感度空间"，主要指标有景观廊道密度、曲率；廊道和观景台的分布特征、数量；景观美景度、动感特征、陡峭程度、可视景观面的大小、景域层次分化、近景的景群比例；象形石的逼真程度、可视程度与可视机率、含义的价值重要性：色彩与对比度、奇特性与创新性、寓意的深刻程度等。乡村是现代景观冲击相对较小的地区，而都市周边地区却成为都市景观的延伸空间，我国存在不少的乡村古聚落或古民居，成为重要的文化遗产。随着现代文明的广泛传播和经济产业的发展，传统景观环境受到的冲击愈来愈大，影响愈来愈深；同时乡村住民对现代文明生活的广泛追求，使传统景观面临巨大的威胁。古聚落和传统民居的存在只能依靠"文化遗产的保护法案"，成为现代景观中珍稀的景观遗产。对古聚落和传统民居的建筑环境的评价从地方文化的继承保留程度与发扬程度、地理环境的独立性、对外联系条件、人口的流动特征，旅游或商贸客人的进入特征、现代建筑的普及程度与住民的认同感、工业发展水平、城镇化水平和传统产业的就业比例、国家和地方的保护政策等方面进行评价。评价指标涉及地方文化的继承与保留程度、地方文化的传播与发扬程度、住民对传统文化的荣誉感、地理环境的封闭性、乡村聚落的边远性、交通的便捷程度、住民的向外流动率、游客的进入率、现代建筑的普及程度、住民对现代建筑的认同感、传统建筑的修建与维修成本同现代建筑成本的比率、就业结构、工业发展水平、城市化水平、区域保护政策、古聚落翻新的建设政策、土地置换与房屋置换的政策等。

5.2 乡村旅游开发

乡村性、乡村景观资源与景观旅游规划。自然度、乡村性和城市化是衡量自然景观、乡村景观和都市景观发展程度的三个指标，也是衡定景观三个阶段演化程度与状态的指标。乡村景观是一种半自然状态下的景观生态系统，是介于自然景观（旷野景观空间）和都市景观（人工景观空间）之间的景观空间。乡村性一直是乡村景观规划设计的核心概念，是衡量乡村景观规划在景观地方性与现代化、真实性与商业化、保护与发展之间均衡程度和规划成果科学性的重要指标。很多发达国家对乡村发展水平与景观特征的研究多采用乡村性指数来衡量，它是通过对诸如就业结构、人口结构、人口密度、人口迁移、居住条件、土地利用和偏远性等不同指标进行统计分析，利用主成分分析方法，将乡村划分绝对乡村、中等乡村、中等非乡村和绝对非乡村四种不同的形态特征，这也是乡村景观形态演变的四个阶段。另外，通过对收入水平，就业水平、居住条件等乡村财富指标度量来研究乡村景观形态是基于城乡财富积累水平和积累形态之间的客观差异而进行乡村景观研究。乡村景观是乡村资源的重要类型，是一种可以开发利用的资源，是乡村经济、社会发展与景观环境保护的宝贵资产，是乡村新兴产业发展和战略发展的基础，是摆脱传统乡村观和建立新型城乡景观体系的重要途径。景观资源是乡村环境属性中效用性和稀缺性特征，能够被广泛利用，但是稀缺性则需要在景观利用与预定目标之间建立协调韵作用机制。景观规划就是实现该目标的一种机制，充分体现出景观规划三元论的规划思想。乡村景观规划的出现是城乡关系不断深化的客观发展结果。美国景观规划设计之父Frederick Law Olmsted认为景观规划不仅要提供一个健康的城市环境，同时也要提供一个受保护的乡村环境。他对乡村景观规划重要性的认识是基于自己的景观规划研究实践的基础之上。环境价值成为我们认识和理解现代景观规划的关键。景观规划就是在认识和理解景观特征与价值的基础上，通过规划减少人类对不同尺度环境影响的不确定性。从国内外乡村景观规划的研究来看，主要集中在以下研究领域：景观资源论研究，景观在乡村自然资源和人类对资源利用的整合之间建立起了一个便捷的框架，乡村是人类社会与乡村环境资源之间相互联系的镶嵌体。将资源管理定义为：资源管理是在增加人民生活财富与导致环境恶化之间努力保持平衡的一个过程，景观是乡村资源体系中最基本的组成部分。作为一种非纯粹的自然资源资源。乡村景观是经历了很长时期特定文化渲染的综合产物，而且景观可以被看作是一种可再生的自然资源．因此乡村景观能够被人们创造、管理和进行整治，同时景观作为一种非功利主义的资源类型，具有比单纯应用价值更为重要的社会价值和美学价值。景观资源重要性不断提高的原因在于城乡规划者将乡村环境划分为三个不连续的政策地域——景观对身体与精神健康的保护、强化和增加经济价值以及对视觉感官的保存与共同拥有景观的美感。在乡村规划中，景观作为一种资源具有传统资源经济学所不具有的四个特点：景观资源具有唯一性和不可再生性，自然景观不能被其它景观所取代；自然景观资源的供给不能被人为扩大。但是景观需求在持续不断增加，尤其是人们对野生景观和未被破坏景观的需求在不断增长；保护剩余自然景观资源不被破坏的实际成本并不很高。人们希望将一部分景观财产（1andscape estate）留给后人。景观财产就需要以具有未来价值评估的公共资产形式存在。乡村景观价值是景观资源评价的基础。景观价值是指景观资源的总体收益，它不同于为了鉴别那些最具魅力的景观或最具保护价值的景观而进行的景观价值评价。景观资源可以通过多种途径进行价值估价，而不单纯是用资源利用决策的经济评估。综合评估包括了景观功能评价（景观效用价值、功能价值、美学价值、休闲价值和生态价值）和景观偏好与体验评价两个方面。景观偏好与体验评价是根据声音、气味、触觉等对景观的感官质量进行评价，并将其作为乡村规划和管理的完整组成部分进行考虑，主要内容有：根据景观的属性、质量或稀缺性评价景观资源状态，它是决定土地利用和发展战略的基础。对比分析不同场地景观的属性、特点、质量或稀缺性，作为开发控制性决策的依据；对景观发展建设形成的视觉影响地带的特征分析；对不同景观变化的敏感度指征分析；对不同功能的景观进行适宜度评价。景观评价常用的方法有：根据景观的相对优点和价值对一系列景观进行归类与排序。通过选择景观保护体系中最具保护价值的景观和遗迹，区分对于发展规划不太适宜的景观；根据景观质量特征，如唯一性、自然性、多样性或神圣性等，对景观进行归类与排序。择一评价法。根据景观相对价值对给定区域的所有景观进行排序，形成给定地区的整体景观评价图，确定景观保存区域、景观保护区域、景观控制区域和休闲开发区以及制定休闲政策和进行景观整治。乡村规划是在全面研究乡村资源和乡村发展的基础上进行规划。不仅要规划实施特定资源和市场条件下的乡村地域的发展，而且要规划实施对乡村环境保护、社会进步以及传统景观保护与文化遗产继承。Dower将景观不仅作为乡利的基本功能，而且认为乡村景观规划具有四个主要目标：为野外游憩提供道路和交通工具。规划农业、林业和其他土地利用形态及其演化。对景观特征及其变化进行有效规划。对动植物、建筑物和历史文化遗产进行适度保护。由于在景观资源与景观规划目标之间存在着共生关系，在景观规划与乡村发展之间存在着产业对土地利用需求的竞争矛盾，因此，景观规划与景观保护是解决这些问题与矛盾的核心。敏感景观的规划、管理与保护是乡村景观规划中最为基本的规划任务，对长期受到保护的景观资源就更是如此。现在的规划者很少关注国家或地方资源的长期配置，而关心更多的则是国家和地方在短期或中期资源配置。作为乡村规划和管理的重要组成部分，景观管理存在诸多困难，其主要原因有：时间序列上不同时段乡村是景观要素的叠加，是长时期的变迁和演化的结果，是土地利用变迁和结构演变的体现。乡村是景观要素相互作用（如林木、空地、河流和居民点等）的复杂镶嵌体。乡村是自然、社会和经济复合系统。对景观的认识服从于农业、道路以及乡村就业等的发展需求，因此在传统乡村规划体系中很难将景观作为资源规划的关键和核心。Wiltiam Cowper指出的"上帝创造了乡村，人创造了城市"格言所描述的那样，乡村景观是为满足城市居民而保存下来的景观，乡村规划是以城市优势为导向的规划体系的补充。农业景观研究是景观生态学的应用性研究，涉及农业结构、土地利用景观和乡村全景规划等具体内容。国外开展景观生态学的应用研究特别是应用于农业与乡村规划的时间比较早，起始于20世纪50和60年代，以捷克、德国、荷兰、波兰和前苏联为主要国家，逐步形成了农业景观学完整的理论和方法体系，对世界农业和乡村景观规划起到了积极的推动作用。在这些研究中以前捷克景观生态规划与优化研究方法LANDEP系统最为突出。德国Haber等人以GIS与景观生态学的应用研究为基础，建立了集约化农业与自然保护规划的DLU策划系统，为乡村景观规划和城市土地利用规划相协调起到了重要作用。近年来美国Fonnan提出了在生态空间理论的基础上建立景观规划原则和景观空间规划模式，进一步强调了乡利景观生态价值和文化价值的相互融合。ISOMUL（The international stu曲group on multiple use ofland）的研究小组在推进乡村景观规划的理论和方法、保护和恢复乡村的自然和生态价值、协调城镇边缘绿地和乡利土地利用之间的特殊关系等方面研究起到了前所未有的指导作用．并提出了"景观空间格局"和"生态网络"等现代景观规划概念．描述了多目标乡村土地利用规划与景观生态设计的新思想和新方法。在亚洲，韩、日等国家在工业化和城市化高速发展的过程中，农业与乡村景观规划，研究农耕地和传统乡村景观的保护起到了决定性的作用。在韩国分布于丘陵沟谷和河川平地之间的传统乡村群落和规划有序的梯田、人工草地和果园呈现出农业和乡村景观规划的巨大成就，推动了韩国以及日本的乡村旅游和生态旅游的发展。日本学者MasaoTsuji博士认为：乡村土地利用与景观规划的实质是科学地协调好土地资源利用过程中呈现出的"公共品"和"私人品"两方面矛盾，通过严格限制和优化各种私人品来实现公共品的有效性。由于公共品因资源的外在性而经常被忽视而遭受破坏，因此必须通过乡村土地利用规划和景观规划来进行有效实施公共品资源的保证。

二战结束以来，西方国家城市化水平迅速提高，标志着欧洲经济的快速增长和创造了更高的物质生活水平、更多的休闲时间和更高的群体收入，因而创造了乡村特定产品的巨大消费市场。城镇化和工业化不断改变乡村土地利用结构和乡村空间网络结构，促进土地利用方式的变化和各种土地利用类型的相互转化。使乡村景观不断发展变化，一定程度上直接影响传统聚落形态、乡村文化和乡村生活方式，并使城市生活方式和城市文明在乡村不断扩大和传播，使乡村逐步走向城镇化和工业化，结果形成了具有多级城市体系和乡村体系构成的城乡景观体系。都市乡村和城市郊区景观成为近年来乡村景观研究的热点之一。城市郊区景观结构、过程和变化，土地为核心研究城市郊区的行为特征（土地所有与土地转化、乡村聚落与住宅、农业、乡村工业与商业、乡村娱乐休闲业以及乡村基础设施建设）和都市乡村景观的特殊性。整合的乡村景观意象是乡村景观研究的另一个热点，主要集中在城乡相互作用、城乡动力学和乡村动态与演变。城乡动力学重点研究城乡由二分体、连续统一体、相互齿合的连续体、共同社会特征到乡村区域和规划分离论阶段的动态发展过程，是共同构成的完整城乡循环模型。过去人们关注乡村是关注农业和乡村地区变化的主题和特征，而很少关注乡村旅游与乡村社会、乡村文化和乡村经济要素之间的内在联系。但在第二次世界大战过后，乡村聚落与乡村休闲、乡村旅游之间的关系发生了巨大的变化。在很多地区，乡村旅游与休闲娱乐从最初的被动发展到主动发展并成为改变和塑造乡村景观和乡村社区的主要因素和环节。乡村的这种变化和其显著性逐步成为全社会越来越倍受关注的领域，但是正如世界旅游组织曾提出了"拯救欧洲乡村的乡村旅游业"一样，乡村旅游的影响有时也会被过分夸大。20世纪50年代后，乡村社会经济发生了持续变化，乡村向城市的人口迁移、空地的围栏开垦、农业的商品化、全球范围内的技术创新在过去几个世纪乡村变化的过程中扮演了举足轻重的作用。农业经营的出现和传统家庭农业的衰败意味着工厂的出现与经营，并导致乡村景观的巨大变化。乡村旅游和休闲产业的发展不仅是乡村变化的结果，而且是推动乡村变化的重要因素。景观资源以其内在的多样性为特征。同时随着时间的推移促进景观的个性化和特色化发展并在大尺度空间形成景观的镶嵌结构。景观的可变性不仅表现在景观面貌的变化，而且表现在景观环境中的人对景观的态度也会发生变化。长期以来，众多乡村人口整天忙于生存和生产，没有休闲时间，也可能对乡村景观产生巨大的休闲需求。乡村休闲仅一方面局限在乡村聚落，特别是集中在教堂、酒馆、市场等传统场所和节日、农产品收获等特殊时节等。另一方面以家庭为基础的休闲行为与出生、婚嫁和丧葬等家庭、社会事件紧密相关。对于大多数乡村来说，只有部分人拥有极为不同的休闲方式并成为后人追逐的时尚，其中打猎和钓鱼是早期的乡村休闲方式。同时伴随散步、骑马和各种草地游戏等的兴起。乡村旅游和休闲业的发展呈现出与乡村聚落特征之间有着紧密而特殊的联系，早期的乡利旅游行为与城市旅游行为不同的一个重要的原因就是聚落形态的差异。传统的乡村旅游具有放松、被动、怀旧、传统、低技术和无竞争的特点，主要包括散步与漫游、野营、钓鱼、观光、划船、参观历史与文化遗址、节庆旅游、骑马和农游。在20世纪70—80年代，当以上旅游活动在乡村得到广泛开展后，一些特殊的旅游活动逐渐兴起，单一传统的乡村聚落不再适合于高度专业化和现代化的旅游和休闲活动的发展，它们要求主动参与、竞争、有声望或非常时尚、高技术、现代化、富有个性和快节奏的时尚旅游活动包括爬山车、摩托车、定向赛跑、生存游戏、空中滑翔、帆伞运动、喷汽船、冲浪、冒险旅游、滑雪和时尚购物等，成为现代乡村游憩景观的重要内容。

在西方发达国家葡萄酿酒业的发展塑造了一种新的乡村景观并创造了巨大的农业旅游潜在市场，它是新农业形式所提供的乡村旅游和休闲机遇，但这种过程和格局是被动形成的。旅游者采摘农产品机会的增加提供了新的吸引力，吸引城市居民到乡村旅游并进行购物。Hopkins指出，许多乡村地区正在为将来的城市购买者而改变自己的景观意象，并将乡村遗产逐步市场化，在被忽视多年后乡村旅游被认为是乡村和其它地域经济发展的重要因素。地方政府逐步意识到乡村旅游和休闲产业的发展不仅能够获得可观的经济收益，而且在各个层面上开始利用政策努力提高城市居民和乡村居民到乡村地域的可达性。在乡村景观意象规划中，Dewailly指出：并非所有的景观意象都是可靠的和正确的，但绝大多数景观意象是有效的和可被人们接受的。在绝大多数发达国家乡村整体景观意象对乡村发展是积极的并具有有效的推动作用。乡村是怀旧心情、健康情节、遗产留存、自然与文化的特殊混合体。乡村景观和乡村活动正在以较快的速度发生较大大规模的变化。随着生活富足，人口流动性增加以及可支配的闲暇增多，对乡村旅游和休闲的需求和众多引致需求会持续增加并不断变化。乡村旅游与体闲发展与其它产业发展的关系一直是乡村景观规划中重要的主题。早期乡村旅游与休闲发展是相对补充的角色，或者至少不与传统产业发生矛盾。现今乡村旅游与休闲业的发展在乡村发展中少了一份补充，而多了一份竞争，不仅同其它形式土地利用，而且同其他形式旅游业和休闲业之间产生高度竞争。在一个半世纪以前城市公园的热潮将以大型自然公园为主的乡村带给城市，并成为城市居民生活的一部分。同样地为城市居民生活服务的大规模休闲产业今天正在乡村逐步发展，乡村成为旅游与休闲活动的目的地，成为乡村景观意象的重要特征。

"乡村景观规划设计"是以景观地理学、景观建筑学和景观生态学的理论与应用发展为基础，兼顾建筑学、城市规划、环境艺术、环境心理等多学科的发展，因此景观科学的理论发展方向与工程技术的创新以及新思维、新理论和新方法的出现等深刻影响着乡村景观规划的发展趋势。乡村景观规划的发展同样具有21世纪信息化、复杂系统化与可持续性的广泛特征，发展趋势集中在：乡村景观资源的可持续利用与乡村产业发展，乡村景观资源是乡村资源体系中的一类特殊资源，有的是可再生资源，而绝大多数是不可再生资源。乡村景观资源的破坏意味着乡村景观环境的破坏与乡村景观灾害的频繁发生，直接威胁到人类的生存与发展。同时乡村景观资源也是乡村产业发展的基础，因此，乡村景观资源的可持续利用模式与技术是乡村发展中重要的研究内容，也是乡村景观规划的重要趋势。

乡村地区现代化与乡村景观遗产保护，21世纪乡村地区的工业化（包括农业的设旋化、资本化和产业化）、城镇化和信息化（包括数字农业）发展将成为乡村现代化的重要标志，乡村地区的现代化将乡村景观从农耕文明的传统农耕景观、工业文明时代现代农业与加工制造业相结合的综合景观发展到后工业化时代或信息时代的信息乡村景观（主要特点是信息、虚拟经济与虚拟社会等）。乡村地区的现代化过程迎来新的景观阶段，同时又将每一个阶段推进，历史性的景观成为新景观体系中的遗产景观，成为人类认识自己的重要自然遗产和文化遗产，具有重要的意义。景观遗产的保护是乡村现代化过程中重要的研究内容，更是景观规划的重要原则。景观遗产的保护模式与技术是21世纪景观规划研究的主要趋势。乡村景观规划与自然环境的高度结合，乡村景观规划与乡村自然环境的高度结合是21世纪景观规划理论研究与工程应用的重要发展趋势。生态化、环境化和视觉优化与净化、环境艺术化、景观功能化使乡村景观规划客观需要以更大尺度景观环境为背景，将景观背景的生态特性、环境的艺术性和环境功能与规划设计景观的生态性、艺术性、功能性高度结合，形成景观相互渗透，功能协调的景观系统。乡村景观规划与自然环境高度结合的理论与规划技术是21世纪景观规划的重要发展趋势。乡村人居环境与乡村景观规划，乡村是人类生存与发展的重要景观空间，乡村景观规划是以满足人类可持续发展需要而对乡村整体。其中，人居环境是乡村景观规划的核心领域，乡村的生态功能、经济功能、居住功能和游憩功能等都是乡村景观功能的重要体现。因此，基于可持续目标的乡村人居环境规划、人居环境的信息化与数字化成为新世纪乡村景观规划的重要发展趋势。

　　基于可持续目标的乡村景观规划是可持续发展战略对乡村景观规划理论与技术所提出的新的原则、目标与模式。乡村景观规划不是短期的规划，不是功利主义的规划，也不是规划的实验场，它是以整体人类生存环境为对象，以整体人文生态系统的构建为主体，与地理环境系统相协调的可持续发展规划模式。寻找适宜的乡村可持续发展景观规划模式是新世纪乡村景观规划研究的主要趋势之一。新世纪将是信息时代，信息技术和信息产业将成为推动社会—经济—环境可持续发展的关键技术与主体产业类型。乡村景观图谱就是在信息时代信息技术在景观科学中的重要应用，是景观规划的重要技术途径。景观图谱是景观数字化的重要表现形式，通过景观图谱形成乡村数字化的景观体系，实现数字化景观管理、模拟、景观模型与过程、景观演变以及景观规划过程的数字化与工程体系化，是21世纪景观规划的主导趋势。乡村是人类活动的重要景观空间，既是居住地、生产地，同时在乡村空间结构体系动来说，乡村又是重要的目的地。乡村景观意象不仅来自于当地住民对乡村景观的感知，而且更重要的来自予非当地住民的感知和认同．这是乡村景观认知的两大主体。在景观认知的两大主体中，当地居民对乡村景观的认识拥有一个很长的时间过程，人们在当地景观环境中出生、生长，熟悉乡村景观环境的每一个环节，掌握了景观环境的自然节律和社会特征，能够通过景观之间的关系进行景观逻辑推断，对自己周围的乡村景观环境具有亲切感和认同感。而将乡村作为目的地的感知人群对乡村的感知是在特定的时间段、特定的景观感知空间、人为的景观感知过程下对乡村景观形成的景观意象。这种景观意象尽管是亲身的景观体验，但景观感知具有表象性和个别性，缺乏对乡村景观从社会、经济、环境进行全面深入的景观认识。因此两大景观感知主体所形成的景观意象往往具有较大的差异。但是景观的客观性仍然是决定景观感知的本质因素。乡村景观意象是人们对乡村景观认知过程中，在信仰、思想和感受等多方面形成的一个具有个性化特征的景观意境图式。乡村景观意象根据景观意象的形成来源和过程，将乡村景观意象划分为原生景观意象和引致景观意象两大类。原生乡村景观意象是通过对乡村的亲身感知后获得的景观意象，而引致景观意象是通过一切媒介所获得的景观意象。获得引致景观意象的途径很多，在历史时期，人们可以通过小说、诗歌、风景画等获得某一乡村的景观意象；随着现代科学技术的发展，人们在通过传统手段的同时，通过影像技术、信息技术等获得引致景观意象；同时随着市场经济的发展，在意象逐步成为产品形象塑造的关键环节和超越价格、质量竞争的商誉的历史时期，宣传形象的各种形式的广告成为诱导景观意象的重要的最直接的途径。乡村景观意象是乡村景观规划的基础，同时适当、准确、标示性强的乡村景观又是乡村景观规划所追求的目标。在乡村景观意象明确和具有特殊保护价值的乡村景观规划中继承和保持传统景观和景观意象是景观规划的最高原则；而在缺乏地方性和以现代景观为主体的乡村景观规划中，如何充分发挥人的景观创造性，在景观生态原则的指导下，规划最具有时代性、先进性、生态性和较高美学价值的乡村人居环境景观。乡村景观意象是乡村景观规划的控制核心。乡村景观意象具有以下特征：乡村景观意象的个性化，每一个人对乡村景观的认知、感受形成的景观意象是不同的，她取决于景观认知主体的特征，包括主体的出生、年龄、职业、教育、个人爱好、生长环境等多方面的个性化特征。乡村景观的个性化就是这种景观个人感知过程的体现，个性化的景观感知过程的景观意象具有不同的角度、重点和意境的特点，这也是不同主体对景观感知所得到的独有的享受。乡村景观意象的地方性乡村景观感知的个性化来自感知主体的个性化特征，乡村景观的地方性则来自于乡村景观客体不同于其它区域乡村的景观特点，是乡村景观客体地方性的体现。不同的人对同一景观客体的感知过程和结果可能是完全不同的，但景观客体又能够共同被主体所感知，而且这种感知的特征在感知群体差异不大的情况下，就会有基本相同的景观意象特征。同时景观的地方性又恰是引导感知主体形成共同景观意象的源泉。另外乡村景观的社会化也反映在一定历史阶段乡村景观所拥有的共同景观特征，是整个社会乡村的特征。乡村景观意象的社会化，乡村是一个开放的空间，随着信息的区际的流动。乡村景观感知主体在社会化工程中，景观感知过程也逐步在完成社会化改造过程，各种信息媒体对乡村经济、社会、生态环境的全面展示，成为人们在直接感受乡利景观之前就可以获得一部分景观信息，并成为影响景观感知个性化的重要社会化因素。乡村景观意象的社会化就是乡村景观感知过程的相互影响和乡村景观意象感知的趋同性。乡村整体景观意象规划，乡村景观意象规划并不是一句简单的宣传口号，而是一系列景观的建设与未来景观规划支撑下的乡村景观体系。乡村景观意象是乡村景观建设的基础上所渗透的最直观意象思想，他的形成需要有一个历史过程和乡村景观的硬质景观要素和软质景观要素的共同基础。

从乡村景观意象规划的目的来看，重点关注乡村景观的可居住性、可投资性和乡村景观的可进入性。景观意象规划的三个目标正好体现现代乡村作为居住地、生产地和重要的游憩景观地的三大景观价值和功能。乡村景观可居住性是乡村人居环境建设的重要特征，也是乡村景观规划的重要内容，不仅面向当地居民居住环境的提高．而且全面提高乡村人居环境，使乡村不仅成为城市居民重要的永久性居住空间，而且成为城市临时性第二居所的重要空间。乡村的可投资性是乡村经济景观、乡村城镇建设以及乡村基础市政服务设施持续改善和提高的动力源泉，可投入性不仅使乡村能够吸引当地的投入，同时更能吸引更多的外来投资者加入到乡村建设。它需要乡村景观具有较强的吸引力，或具有较好的发展预期。而乡村的可进入性则全面关注乡村的社会、经济和生态环境的发展现状，乡村游憩产业的发展是标志乡村可进入性的重要特征。乡村景观意象规划是对乡村景观在景观思想、景观精神和景观灵魂层面上对乡村景观进行的最高境界规划，是乡村景观规划的核心，是对乡村景观感知的心理图式进行的塑造。乡村景观意象规划实质上是乡村景观意象战略的规划和实施，也是乡村景观形象再造战略的实施。根据乡村景观意象明晰程度和意象认同程度，可以将乡村划分为三种类型：即景观意象强化乡村、景观意象塑造乡村和景观意象重塑乡村。乡村景观意象强化乡村是指对景观特征明确，景观意象明晰，景观意象确定经历了较长的历史时期，并被社会广泛认同和接受的乡村，景观意象是完全具有乡村景观的地方性特征，而且具有唯一性和高度的可识别性。这一类乡村多是文化历史名村名镇、古聚落、传统民居、风景名胜地区、人类文化的著名遗迹、经济名村名乡等乡村景观。这些广为人知的景观要素正是乡村景观意象成型和明确的重要因素。

景观意象塑造乡村是指景观特征不明确，意象不清晰，可识别性较差，与其他乡村具有雷同景观的乡村。这一类乡村因景观环境特色性不明显，长期以来乡村社会经济发展没有形成自己独有的特色，因而没有形成成型和确定的景观意象。在乡村景观规划中，这一类乡村景观规划的重要目标就是通过景观规划，在经过一定时期的发展和景观建设后形成明确的乡村景观意象。景观意象重塑乡村是对因景观破坏严重，或在长期以来社会上形成的对乡村景观的贬低性行为或言语所形成的具有负面效应的乡村景观意象。使乡村景观意象遭到破坏的因素可能是较严重的环境污染、不安定的社会秩序、不良的社会风气、贫穷的经济面貌、不诚实的经营行为等。乡村景观意象的负面效应一旦在社会上形成广泛认同，将成为阻碍乡村社会、经济和生态环境的全面进步和可持续发展的重要障碍。因此，重塑乡村景观意象是乡村形象再造战略的关键。

依据芬兰乡村发展委员会的概念，乡村旅游是全面开发乡村资源，创造能够出口产品的途径和工具，通过量和质两个方面增加努力，乡村旅游可以被建设成为整个芬兰乡村就业和收入的基本源泉。第二次世界大战以前，世界关注乡村是关注农业和乡村地区变化的主题和特征，而很少关注乡村旅游与乡村社会、乡村文化和乡村经济要素之间的内在联系。但二战之后乡村聚落与乡村休闲、乡村旅游之间的关系发生了巨大的变化。在很多地区，乡村旅游与休闲娱乐从最初的被动发展到主动并成为改变和塑造乡村景观和乡村社区的主要因素。这种变化成为全球倍受关注的领域。长期以来，乡村人口整天忙于生存和生产，没有休闲时间，也没有休闲需求。乡村休闲仅局限在乡村聚落，特别集中在教堂、酒馆、市场、节日、农产品等。同时，以家庭为基础的休闲行为与出生、婚嫁和丧葬等社会事件相联系。对于大多数乡村来说，只有一小部分人拥有极为不同的休闲方式并成为后人追运的时尚。打猎和钓鱼是早期的休闲方式，同时伴随散步、骑马和草地游戏。早期的乡村旅游行为与城市旅游行为不同，前者具有放松、被动、怀旧、传统、低技术和无竞争的特点。主要的旅游活动包括散步与漫游、野营、钓鱼、观光、划船、参观历史与文化遗址、节庆旅游、骑马和农游。在70—80年代，当以上旅游活动在乡村广泛开展的时候，一些极其不同的旅游活动开始兴起。单一传统的乡村聚落不再适合于高度专业化、现代化旅游和休闲发展。因受城市旅游活动的影响，乡村旅游也具有了要求主动参与、竞争、有声望或非常时尚、高技术、现代、个别的和快节奏的需求特征。在传统旅游活动的基础上，也延伸到了爬山车、摩托车、定向赛跑、生存游戏、空中滑翔、帆伞运动、喷汽船、冲浪、冒险旅游、滑雪和时尚购物等，国际乡村旅游的概念与内涵发生了巨大变化。

乡村旅游的功能是综合的，深入影响到乡村发展的每一个方面。表现在乡村经济、社会、生态环境和乡村空间组织等多个方面。但由于乡村旅游长期以来缺乏系统的理论研究，人们对其系统功能也缺乏必要的认识。因此，出现了对乡村旅游功能的夸大认识。如"拯救欧洲乡村的乡村旅游"，"旅游业能够把地方从经济危机中拯救出来"。实际上，对旅游业的潜在就业和经济收益的乐观主义是由于对很多问题不加批判的政策环境所致，由于缺乏强有力的理论、概念和研究指导乡村旅游的开发、社会角色、地位和管理，出现这些问题也并不令人惊讶，实际上，从政策一开始促进乡村旅游发展就存在乡村旅游发展就业的不同意见。在20世纪60年代，美国Baum和Moore就指出：游憩的发展机会愈来愈多，但是旅游不应被认为是解决持续的失业问题和被失业困扰的低收入乡村问题的万能药的质疑观点。乡村旅游被认为是乡村传统产业的替代产业。在日本作为西方发达国家长期的经济典范，乡村经历了农业人口的大规模迁移，正如此，国家和地方政府制定政策通过乡村旅游替代林业、种植业、渔业等滑坡产业。在发达国家的各级政府中，旅游业被认为是乡村经济增加和创造就业的源泉。欧盟、新西兰、英国、美国、原东欧国家、欠发达国家和太平洋地区国家都非常重视乡村旅游。乡村旅游是乡村发展的战略产业。作为区域规划的组成，乡村旅游能够刺激地方商业，创造就业机会，在区域经济和社会发展中充当能被识别和理解的因素，被确认为是发展区域基础设施、设备和服务（包括能够被乡村居民和乡村旅游者利用的游乐设备）的一种工具和途径。根据芬兰乡村旅游主题工作组的观点，乡村旅游发展的目标与功能具有多目标的特征，如经济增长与调整、创造就业、增加投资、人口稳定、基础设施和设备供给和保障等都是政策的基本目标，而实际的政策过程并非如此，如政策工具的选择、最合适的政策组合、制度安排设计，监督和评价等用来衡定政策有效性的是政策支撑体系的生活质量。乡村发展委员会在英国政府白皮书指出，在乡村推行的监督过程和程序也需要发展更好的信息。旅游被广泛看作是乡村发展的一种工具，维持和创造地方收入，就业和增长；为乡村提供经济和社会基础设施的成本作出贡献；促进其它产业部门的发展；增加地方民间的亲和度和服务；增强环境与文化资源的保护。

从欧洲移民澳大利亚开始，葡萄酒业生产制作就成为澳大利亚文化的重要组成，200年后澳大利亚葡萄酒业已成为重要的乡村产业。1993年澳大利亚挤身世界葡萄酒生产前10个国家行列，生产全球产量的1.8％。1996年澳大利亚有892个葡萄酒生产商，比1994年增长11％，遍布各州和整个国家，但在澳大利亚有4个葡萄酒生产公司控制了绝大多数生产量。澳大利亚葡萄酒业旅游的产生是基于以下几个因素共同作用的结果：（1）可达性的显著改善和对公众的吸引力；（2）葡萄酒业的持续扩张，不断产生新的葡萄生产区域和新的品种和新形式的葡萄酒生产；（3）战后移民和欧洲生括方式等文化因素的影响，拓展了葡萄酒作为生活品的吸引力；

（4）伴随市场营销和技术革新，迎来了20世纪50年代和60年代葡萄酒生产的高峰。到20世纪80年代，葡萄酒业的旅游潜力才逐步被全澳洲人认识到，1984年维多利亚州政府经济与预算委员会提交了关于维多利亚葡萄酒产业的报告，这份报告是第一次综合研究维多利亚葡萄酒产业并指出"委员会认为应制定政策发展维多利亚的葡萄酒业旅游并将该政策与州区域旅游发展战略相协调和统一"。目前在澳大利亚州政府已明确认识到了葡萄酒业旅游的经济潜能：（1）根据州旅游管理委员会对葡萄酒业旅游的宣传，特别是对新南威尔士、南澳和维多利亚葡萄酒业旅游的发展和宣传；（2）通过在新南威尔士和维多利亚成立葡萄酒业旅游组织，使葡萄酒业发展与旅游业发展更加协调。1993年维多利亚州政府成立了维多利亚葡萄酒业旅游委员会，1996年南澳也成立了葡萄酒业旅游委员会，而新南威尔士则成立了烹饪旅游咨询委员会。

根据台湾农业发展的现状，转型的农业企业的发展模式主要有：（1）在传统农产品的基础上，发展访问性农业（早期农业旅游的概念）的产业模式；（2）在农业生产中，重新配置农业资源，发展新的农产品，走产品多样化的道路；（3）重新配置农业资源到非农业产品生产，走结构多样化的道路；（4）维持传统农业生产模式；（5）发展农业租赁。农业旅游被认为是面临利润下降，需要新的经济支柱的农民在乡村产业优势的基础上进行的经济选择，是克服低收入和提供就业机会的有效途径。正是基于此，1990年7月台北市农会规模推动北投区第一市民农园，成为台湾最早的市民农园。1991年相继在北屯区与西屯区成立三处市民农园，行政院农业委会鉴于市民农园普受市民喜爱，于1994年成立"发展都市农业先区计划"，积极有计划辅导资助各地区办理示范性、生活体验型的市民农园。

此后，台湾市民农园快速发展。台湾观光休闲农业发展经历了以下几个阶段：（1）萌芽阶段（1971—1989年）：观光农园及休闲度假农场奠定了台湾休闲农业发展的基础。此期间，因人们对观光农业的认识和理解不同，又缺乏理论上的认识，观光农业的实践走在了理论的前面，出现了"农村观光""农村旅游""乡土旅游""农村休闲""农乡休闲""农郊休闲"、"观光农业"、"观光农场"和"农业观光"等表示方法，缺乏统一的认识和定义。直到1989年，台湾农委会赞助台湾大学推广学系举办"发展休闲农业研讨会"后，才正式确定"休闲农业"名称，并将其定义为"利用农业产品，农业经营活动，农业自然资源、自然环境及农村人文资源，增进人们游憩健康、合理利用保护及增加农民所得，改善农业经营"。（2）成长时期（1989年—1994年）行政院农业委员会制定了"发展休闲农业计划"，积极辅导推动休闲农业区的规划及建设工作。成立休闲农业策划咨询小组，研究"休闲农业区设置管理办法"。加强宣导工作，编印"发展休闲农业之旅"，加强针对休闲农业辅导人员及经营者的教育训练，从事休闲农业教学研究、强化理论基础，设定"休闲农业标章"并研拟"休闲农业标章使用要点"。就农政机关选定完成规划的休闲农业区就有31处，而由农民自行投资设置的不计其数，休闲农业成长甚为迅速。（3）转变时期（1994年至1996年）。台湾的休闲农业虽然发展迅速，但很快就遇上了发展"瓶颈"，其中最关键的是法令规章无法适应观光农业发展的需要，大众对休闲农业存在认识不足。休闲农业本质是结合农业产销与休闲游憩的服务性产业，一些休闲农场为追求利润，经营方向逐渐偏离休闲农业的内涵。农政单位为了促使休闲农业的顺利发展，将计划策略与政策方向重新调整，一是修正"休闲农业区设置管理办法"，区别"休闲农业区"与

"体闲农场"；"休闲农业区"以区域为范围，由地方政府主动规划，主管机构依据规划结果协助公共建设，促进农村发展：个体经营者依据其经营特性申请设置"休闲农场"，有关休闲农场设置条件、申请程序及其他管理事宜，由省（市）主管机构进行规范，因地制宜辅导休闲农场。将"休闲农业区设置管理办法"修正为"休闲农业辅导办法"。二是研拟"台湾体闲农场设置管理要点"草案。依据该草案研究"休闲农业设施许可使用细目"和"休闲农业设施设置标准"，作为休闲农场营建的规范准则，突破休闲农业发展的制约因素。三是编印"休闲农业工作手册"，包括休闲农业定义、发展目标、范围、规划设置要件、体闲农业区（场）规划设计之内涵与步骤、筹设申请税号、经营活动项目、经营管理以及国内外休闲农业类型与实例等。主要目的是提供辅导人员及经营者参考，引导休闲农业区发展。（4）成熟期：为促进体闲农业成为永续经营的产业，加强相关计划或活动之整合与配合，维持乡土特色发展休闲农业，利用资源特色开展行销策略，加强教育宣传工作。

5.3 乡村旅游典型实例

池州市位于安徽省西南部、长江下游南岸。北濒长江与安庆市隔江相望，东与铜陵市、芜湖市毗邻，东南与黄山市交界，西南与江西省彭泽、鄱阳县接壤。全市现辖贵池市、东至县、石台县、青阳县、九华山风景区管理委员会。全市土地总面积82717平方公里，2001年底人口达到154．4万。池州作为州府建制，始于唐高祖武德四年（621），迄今已有1373年历史。949年4月设立皖南池州区。建国后池州地区历经"两撤三建"：1949年5月沧州专区成立，1952年2月撤；1965年重建，1980年再撤；1988年8月经国务院批准恢复地州地区建制，2000年6月25日经国务院批准撤地建

市。市境北部为沿江冲积平原，南部属皖南低山丘陵．分别约占总面积的
12％和88％。境内气候温和，四季分明，雨量充沛，属亚热带湿润季风气
候。年均气温约16.5℃，积温值由沿江向南部山区递减，平均最高气温
38.1℃、最低气温8.5℃；年平均降雨量约1500毫米，平均径流量500至1000
毫米。境内主要有三个水系十条河流：长江水系有青通河、九华河、白洋
河、漷浦河、黄潞河、尧渡河；青弋江水系有清溪河、陵阳河、喇叭河；
都阳湖水系有龙泉河。中型湖泊有升金湖、太白湖（与江西彭泽县共有），
多年平均水面144.14平方公里。全区江河堤防总长666公里，防洪保护面积
85万亩。生态环境优良。境内有国家级森林公园—华山、国家级野生动植
物保护区—牛降、国家级水禽湿地保护区—金湖。全市森林覆盖率达56％，
1996年和1997年被国家批准为国家生态经济示范区和实施《中国21世纪议
程》地方试点。旅游资源丰富。国家级风景名胜区、中国四大佛教名山之
一—华山，2001年管理机构下迁至柯村景区，基础设施、娱乐服务业开发
前景诱人；省级风景区—齐山、秋浦仙境、溶洞群、大历山开发刚刚启动，
商机无限；省级历史文化名城—贵池，牧童遥指杏花村古十二景已恢复两
景，尚有十景待开发；贵池傩戏、青阳腔、目连戏、文南词等人文景观极
其珍贵。全市年接待国内外游客150万人次。投资环境良好。交通通信便
捷，公路已形成了以国道、省道及沿江公路为骨架的交通运输网；水运以
长江干流的重要港口—池州港为枢纽，拥有国家对外开放口岸，年设计吞
吐能力达500万吨，池州港泥洲新港区一期工程已动工；通信已形成以数
字传输、程控交换为主的多种通信方式和多功能通信服务网络；沟通沿江
通道的铜九铁路、沿江高速公路、合铜—九黄高速公路等项目已经国家立
项批准，2002年—2003年将全面动工；安庆—池州大桥已于2001年底动工

兴建。新世纪发展前景可观。跨入新世纪，池州已规划重大项目61项，总投资350亿元。项目涵盖工业、农林、水利、旅游、基础设施、生态环保、社会事业等方面。我们将以"加快发展、富民强市"为主题，大力实施大开发大开放战略、城市化战略和可持续发展战略，以旅游立市、工业强市、利教兴市，向着农业先进、工业发达、旅游兴旺的国家级生态经济示范区和世界级旅游胜地的发展目标迈进。

池州市自然山水环境优越，人文底蕴厚重，各类旅游资源十分丰富，从定性的角度可以用"自然山水"、"人文山水"、"城市山水"来概括其资源特征。

池州市自然环境优美，生态环境保护十分完整，"自然山水"是池州旅游资源的核心特征之一。境内分布有众多的自然景观旅游资源，形成了"山、河、湖"具备的自然山水资源特征。在众多的自然山水旅游资源当中，牯牛降国家级自然保护区、升金湖自然保护区是池州环境特征的核心；秋浦河、尧渡河、清溪河是河流景观的代表；蓬莱洞、大王洞是洞穴旅游资源中的精品。

池州佛文化、诗文化、尧舜文化、聚居文化底蕴深厚，各种文化又与优美的自然山水景观紧密结合，因此"人文山水"可以称为池州市旅游资源的又一大特色。九华山是中国四大佛教名山之一，佛文化渊源非常久远，是佛教朝拜胜地，是池州"人文山水"的核心。秋浦河、清溪河留下了李白等众多诗人的佳作，是池州市诗文化的重要载体。历山、尧渡河记载了池州市对中国尧渡文化的传承，具有深厚的历史意义。杏花村、南溪吉寨等村落代表了池州市悠久的聚居文化，肖坑村成为生态经济村的发展范例。

　　池州市区具有优越的山水背景，"齐山一自沙湖"为池州市创造了优美的"城市山水"景观特征。城市建设能够依山傍水，处在自然环境如此优美、保护如此良好的环境中在国内是非常少见的，"城市山水"特色为池州市的城市特色创造和优秀旅游城市的创建与发展提供了充足的动力。景观旅游形象的核心要素是乡村旅游地地脉、人脉、文脉、史脉中最具有典型代表意义的景观意象特征，是乡村旅游形象的有机组成。乡村景观旅游的总体形象依托于乡村景观区域形象特征，将区域景观旅游核心要素有机组合，经过形象提炼和提升，形成景观旅游的总体形象。

　　乡村景观意象规划与乡村旅游形象塑造，乡村地区的景观活动主要集中在经济景观和聚落景观两个层面，城镇化和工业化是综合反映乡村景观活动的形态、方式和程度的综合因素，是人类活动对乡村景观最具冲击力的两个方面。工业化的发展一方面改变了乡村资源利用的方式、程度和广度；另一方面改变了乡村经济产业的发展重点和经济景观的形态特征。城镇化一方面改变了乡村聚落景观的形态与规模，另一方面改变了经济要素的空间集聚结构与规模。对乡村资源的不合理利用，工业化形成的乡村污染，城镇化形成的千村一面和土地浪费成为乡村景观活动中存在的重要问题。乡村景观规划建设在于通过调整和优化乡村产业结构与规模，改变乡村资源利用结构与方式，发展新兴产业；通过城乡功能整合，改变乡村传统功能。并通过有效规划乡村工业化和城镇化发展落实乡村景观规划成果。替代产业是逐步弥补乡镇原有经济系统中存在的不足，能够充分合理、高效利用乡镇资源，这种资源是建立在新时期、新形式下对资源重新认识的基础上。以新兴产业发展为机遇，促进产业结构调整和乡村生产的生态化和可持续化。因此替代产业的发展是逐步的，是在维持现有发展格局，并逐步调整、逐步发展的过程，这是维持经济稳定和逐步落实规划的关键。在替代产业发展中重点培育战略产业发展，重点发展乡村具有资源优势和景观相容性高的符合城乡发展需求的产业，如乡村旅游业，充分利用乡村区位优势和景观资源优势，将乡村建设成为重要的游憩地类型。乡村整体景观意象规划在坚持资源优势与产业优势，技术优势与技术升级，替代产业与战略产业发展坚持人口、资源、环境相互作用系统中景观活动的科学性，坚持生态效益、经济效益和社会效益的结合，以改善生态环境为原则，以追求经济效益为途径，以建设发达的田园乡村为目标。从池州市的景观的环境调查与实践研究来看，乡村景观意象的确定是一个极其复杂的过程，乡村整体景观意象需要乡村景观要素的意象渗透与景观意象的落实。也就是说，乡村景观整体意象的形成自于乡村景观建设实践；同时乡村景观的确定又必须细分到乡村景观的各个要素．使乡村景观特色与景观意象的共同性形成相辅相成的景观感知体系。

特色是景观旅游区域最具有吸引力和生命力特征的意象特征，景观意象与乡村旅游形象规划的本质是揭示出具有重大比较优势和鲜明地方性特征与市场指向的形象特色。特色是景观建设与形象塑造的核心理念，特色规划是在保护景观地方性与挖掘旅游的市场化两个过程中寻求平衡。有效开发高起点产品，抓住"莲花佛国山、千载诗人地、万古圣贤乡、生态大观园"的核心，做佛教文化、李白诗文化和尧舜文化、生态文化为代表的四大旅游单元，开发出具有全国和世界性的旅游产品。池州的旅游产品类型可分为：历史文化民俗类、生态环境类和佛教宗教朝觐游。各类型可从旅游产品、功能性质分区、活动性质分区、空间分布以及空间规划等方面进行评价。

第六章　全域旅游 O2O 营销模式研究

　　做好全域旅游，必须牢牢把握好"提升用户体验"这根不变的主线。如何为游客提供更碎片化、更个性化的，非标准化的目的地信息与服务，满足游客的全域深度旅游需求就是重中之重。全域旅游很重要的一环是需要整合和充分利用旅游目的地全部的吸引物要素，这些旅游资源之间，如景点和景点间，景点和住宿、娱乐晚会之间应该有着内在的互补关系，配套关系甚至关联关系。目的地O2O平台可带动关联产业发展，使营销推广活动为全域旅游、全产业旅游的发展服务。对于游客来说，目的地O2O平台为他们提供更碎片化、非标准化的目的地信息与服务，满足游客的全域深度旅游需求。目前来看，大多数旅游目的地的O2O思路还停留在初始阶段，在各种碎片化信息的包围中，不知道该如何决策。O2O的本质是打通线上与线下的营销体系，实现线上销售、线下服务，同时通过线下收集消费者的需求，对成本、供应链等前环节进行改造和升级，O2O的最终目标是营销方式的变革。

　　市场营销和消费者行为理论为基础，构建了旅游者过渡价值模型，并将其应用于北京市的目的地旅游营销中，官方网站"北京旅游网"为例，为旅游目的地O2O平台营销方案设计提出建议。全域旅游的落地形态是旅游目的地。游客对目的地的选择是决定各地旅游收入的关键，目的地营销自然备受世界各地旅游宣传部口的重视。随着中国旅游业的快速发展，各地旅游局都非常重视对当地旅游资源的营销宣传；而出境游近年来的井喷式增长也引得海外各国（地区）旅游部门竞相赴大陆进行营销宣传，宣传的投入预算越来越大。目的地营销是为了对一个地方建立有关意识和积极看法，它的对象可是一个城市、国家或地区，它将有助于为旅游目的地带来新的客户和抓住回头客。景点时代的目的地营销有一个共同点，就是将安地知名景点作为"卖点"，渠道选择上也多昂贵的央视广告居多。化景点旅游时代，这样的营销策略完全没有问题，因为特色鲜明的景区就是打动受众的核心价值点。但在全域旅游时代，目的地整体的调性和特色是其招揽游客的基础。就现状而言，迎接全域旅游时代的到来，目的地营销需要有四个转变。

一是传播策略的转变。从营销的角度看，定位决策是一切营销活动的起点，传播也不例外。目的地传播策略的制定之初必须先弄清楚目的地的定位。目的地的定位也可看成是目的地的个性和灵魂，时尚、原生态、文艺、历史等等，具体可根据目的地的旅游资源禀赋和历史积淀进行提炼。安此，全域旅游时代，目的地营销传播的关键是目的地的个性和定位，而不是具体的几个景点。除传播内容外，传播渠道的选择也非常重要，叫卖式的广告与整合营销传播所需要的渠道策略显然是不同的，后者需要在渠道选择上更加精准同时也更加符合目的地的整体定位。二是产品策略的转变。在景点旅游时代，景点、购物、住宿和交通等构成了目的地营销的整个产品体系。到了全域旅游时代，这一产品策略显然无法顺应潮流。从旅游体验的角度看，全域旅游本质上是将一个地方的生活方式等人文要素呈现给游客，那么这种生活方式和体验就是全域旅游时代的旅游产品形式。以苏州为例，景点旅游时代苏州地区的旅游产品是几个园林、古镇及人文景点串起来的旅游线路，但在全域旅游时代，苏州地区的旅游产品将转变为江南水乡生活和吴文化的深度体验，这也将是当地旅游产品整合的主线，核心目标就是尽可能让游客深度体验当地人的生活方式并感受到当地的文化气息。成功之处就在于其一开始就致力于为游客提供能够深入当地的住宿体验，相信这一理念将会在全域旅游时代大行其道。三是组织、实施方式的转变。在景点旅游时代，旅游景点及其管理方是目的地营销活动的主要实施主体，旅游主管部门则通常只对辖区的旅游形象宣传承担责任，对于旅游景点等主体的营销活动主要限于宏观指导。在全域旅游时代，需要有主体来组织实施区域旅游的产品规划设计、传播等营销活动，这个角色绝非单一景点或者政府部门所能胜任的，而是需要一个主管部门及各相关企业等组成的委员会来推动。四是效果评价体系的转变。景点旅游时代，衡量目的地营销的效果主要是看景点、酒店等的游客接待量及收入的增长情况，而旅游消费对其他领域的带动作用很少被纳入进来。作为香港的重要旅游地标，香港迪士尼乐园度假区在2015年度虽然亏损了1.48亿港元，但是却为香港经济带来增长，相当于香港本地生产总值的0.4%，并创造20900个职位。这个例子充分表明，旅游目的地营销活动中，特定旅游吸引物的收益增减并不能全面衡量整体营销活动的效果，而需要充分考虑其溢出效应，这就需要对现有的目的地旅游统计体系进行改造。随着国内旅游消费需求的快速演变，目的地营销的思维方式和方法论必须实时做出相应调整，各个领域也必须按照全域旅游的基本理念和模式做出改变。

旅游O2O的下一站，目的地服务。随着社会发展速度的加快，人们的空闲时间越来越碎片化，因此休闲文化也正在向"短平快"的方向发展。"世界那么大，我想去看看"的代价是要辞掉工作，因此对更多人来说，一种随机的、可自我掌控的休闲出行—自由行受到热烈的追捧。除了要搞定机票和酒店外，自由行的重点在于建设和维护目的地的生活服务。许多目的地的旅游资源非常好，比如新疆，但一年的旅游销售额只有600多亿元，跟北京、上海比起来太少了，可能只是个零头。除了比较偏远外，很重要的原因是当地的目的地产品营销和服务能力很弱，很多供应商的销售是通过"地接社"分销去做，组团社把游客带到新疆，由地接社服务，地接社找来酒店、景点门票、活动等供应商，把他们叠加起来组成一个团，转卖给组团社。这种方式造成的结果，一是游客得不到好的服务，二是供应商的销售通道高度集中在了地接社，没有了议价能力，也就无法更有效地获利。不仅是新疆，很多遥远或者信息不那么通达的目的地，对于游客而言，经常是令人神往却缺乏了解。在花费大量时间精力去研究攻略、拟定路线的纯粹自由行之外，也有很多的、包括各种年龄层次的游客，更倾向于一站式的、不需要自己去安排太多的半自由行旅游产品。目前已有的在线旅游的模式，都没有真正解决消费者的痛点，痛点不在于预订，而在于目的地的落地服务，因为那里的信息不对称，服务提供能力滞后。

互联网+旅游和其他行业的不同在于：旅游业移动的是消费者而不是商品（服务）。 尽管同属服务业，但在互联网＋餐饮业中，可网上订餐然后到饭馆去吃，也可以网上订餐送到家里来，产生这个差异的原因是互联网＋旅游，及旅游行业 O2O 的背后藏着一个重要模式要素—目的地。OTA 巨头已基本完成网络入口端的布局，服务好用户、留住用户将是下一个重点。旅游目的地服务是最为急迫的，散客还有大量的需求没被满足，比如：旅游目的地饮食问题、晚上娱乐活动、购物、突发事件应急处理等。很多传统的在线旅游虽然说是 O2O，但其实只负责线上（online）端，另一个线的产品只能外包出去，所以往往经过了层层加价和提成，最终导致用户拿到的价格过高。旧的 O2O 是把线下的资源搬到线上来售卖的商户模式，新的 O2O 是要站在用户的角度帮用户去做个性化的决策，个性化的需求促使 2014 年成为在线旅游行业的分水岭。这个环节《体现的是服务，背后是资源的整合能力和在旅游目的地的执行能为。面对行业变局，旅游管理部门、旅游城市和景点及在线旅游行化，目的地 O2O 平台可带动关联产业发展，使营销推广活动为全域旅游、全产业旅游的发展服务。对于游客来说，目的地 O2O 平台为他们提供更碎片化、非标准化的目的地信息与服务，满足游客的全域深度旅游需求。研究的意义有二个方面：一是构建全域旅游目的地 O2O 营销模型。目前关于目的地营销、在线旅游、O2O 营销的理论虽然比较丰富，但与旅游目的地 O2O 营销相关的理论还比较欠缺。市场营销和消费者行为理论为基础，通过实例研究，建立目的地 O2O 营销模型。二是为全域旅游目的地打造 O2O 营销平台的模式提供借鉴。对旅游目的地营销的研究始于 20 世纪 90 年代。国外研究多集中在目的地形象与品牌、营销主体营销策略组合及信息技术等方面的内容，在线旅游更是近几年新出现的研究内容。

旅游目的地形象与品牌研究，90 年代后，国外旅游目的地品牌研究成果开始大量涌现。主要研究目的地形象与旅游者行为决策的关系，一般目的地品牌来衡量目的地形象。"目的地品牌"是目的地营销的战略前提。国内对目的地形象的研究内容主要集中在旅游者、旅游地、形象传播等方面。国内旅游形象研究重视的是区域性旅游目的地形象研究。旅游目的地形象建立的第一步是定位，目的地定位应充分考虑实际情况和市场环境，制定准确的定位战略，提高市场份额。品牌化是目的地定位的补充。关于营销主体的研安，国外研究大致分公、私部口关系与营销组织的目的地营销策略两种。旅游目的地产品的复杂性决定了旅游目的地营销主体的复杂性和广泛性，这当中政府扮演协调的角色。因此在国外研究中，对公、私部门间的关系更加重视。我国的研究始于 21 世纪。基于我国的行政体制和土地资源国家所有的特征，我国的目的地营销中，政府居于主体地位。将目的地营销划分为政府主导模式、政府少量监督管理模式和两者相结合的模式。从营销绩效评估角度研究政府行为，并设计了指标模型。旅游目的地营销策略的研究范围很广，广告、促销、公关等都属于目的地营销组合范畴。将多种营销手段协同运用、形成最佳组合是最优策略。麦克凯等调查了不同年龄段群体对目的地广告的态度，结果表明，具有对目的地同等熟悉程度和相同教育水平的不同年龄群体对文本广告的态度与认知不同，而对影像广告的认知几乎一致。由此可知广告形式影响广告结果，而受众年龄并非直接的影响因素。国内有学者提出"三定"营销策略，即"定位置、定品牌、定方针"；也有学者将事件促销、市场细分、整合营销、全民营销和主题形象归纳为目的地五大营销策略。总体来看，目的地营销应根据其自身分类和竞争优势，制定出相应的营销模式，并进行整合，形成一种通用的目的地竞争性营销模式。

网络营销，国外的旅游目的网络营销研究始于 90 年代，最初研究网络技术应用。近年来，旅游目的地营销系统（DMS）成为重要的研究内容。DMS 可提升旅游目的地的营销管理效率。以南非等国家为例，从网站功能、宣传、客户关系等十二个方面展开论述，提出应用电子商务系统开展目的地营销的必要性。国内关于旅游目的地网络营销的研究出现在 2000年后，最初的研究多从网站现实情况出发，评价其功能结构，提出建议。

张琳和邵鹏（2005）对比了中美旅游网站的功能特征，分析了我国旅游网站存在的问题，提出了信息、管理和应用等方面的改进措施。除此之外，旅游目的地营销系统（DMS）同样是我国旅游目的地营销研究的重要内容。杨路明和巫宁口通过国外几个典型网站的研究，对 DMS 理论做了比较详细的阐述，并提出建设建议，是国内比较全面的研究。

O2O 营销模式又称离线营销模式，是指线上营销线上购买带动线下经营和线下消费。O2O 通过打折、提供信息、服务预定等方式把线下商店的消息推送给互联网用户，从而将他们转换为自己的线下客户，这就特别适合必须到店消费的商品和服务，比如餐饮、健身、看电影、美容美发、摄影等。随着互联网的快速发展，电子商务模式除了原有的B2B、B2C、C2C商业模式的三种新型的消费模式O2O已快速在市场上发展起来。对于B2B，B2C模式下，线上拍下商品，卖家打包商品，找物流企业把订单发出，物流快递人员把商品派送到买家手上，完成整个交易过程。这种消费模式已经发展很成熟，也被人们普遍接受，但在美国这种电子商务非常发达的国家，在线消费交易比例只有 8%，线下消费比例达到 92%。由于消费者大部分的消费仍然是在实体店中实现，把消费者吸引到线下实体店进行消费，这个部分有很大的发展空间，商家开始这种消费模式。

对用户而言：获取更丰富、全面的商家及其服务的内容信息。更加便捷的向商家在线咨询并进行预订。获得相比线下直接消费较为便宜的价格。对商家而言：能够获得更多的宣传、展示机会吸引更多新客户到店消费。推广效果可查、每笔交易可跟踪。掌握用户数据，大大提升对老客户的维护与营销效果。通过用户的沟通、释疑更好了解用户。通过在线有效预订等方式、合理安排经营节约成本。对拉动新品、新店的消费更加快捷。

降低线下实体对黄金地段商铺的依赖，大大减少租金支出。对 O2O 平台本身而言：与用户日常生活息息相关，并能给用户带来便捷、优惠、消费保障等作用，能吸引大量高粘性用户。对商家有强大的推广作用，可吸引大量线下生活服务商家加入。数倍于 C2C、B2C 的现金流。巨大的广告收入空间及形成规模后更多的盈利模式。

O2O 模式作为线下商务与互联网结合的新模式，解决了传统行业的电子商务化问题。但是，O2O 模式并非简单的互联网模式，此模式的实施对企业的线下能为是　一个不小的挑战。线下能力的高低很大程度上决定了送个模式能否成功。而线下能力的高低又是因为线上的用户黏度决定的，拥有大量优势用户资源、本地化程度较高的垂直网站将借助 O2O 模式，成为角逐未来电子商务市场的主力军。O2O 模式的关键点就在于，平台通过在线的方式吸引消费者，但真正消费的服务或者产品必须由消费者去线下体验，这就对线下服务提出更高的要求。而这些线上迅速崛起的创业型公司能否掌控稳定的服务体系也是一个很大的问题，比如美国发展迅速的短期租房网站就因为线下的问题遭到了很多人的质疑。曾有一名房客"洗劫"了房东的房间。Airbnb 团队对线下风险把控的不足的同时也显示了这种模式的短板。大多数 O2O 模式的企业并不能掌握线下服务的质量，只相当于一个第三方中介，在中间起到协调作用。此外，在线支付、线下体验，很容易造成，"付款前是上帝，付款后什么都不是"的窘境。对于 O2O 模式而言，线下的主体多半是服务类型的企业，而国内服务存在各种不规范的运营，虽然团购已经进行了先期教育，但是距离稳定完善的服务仍相去甚远，因此如何保障线上信息与线下商家服务对称，将会成为挑战 O2O 模式能否真正发起来的一个关键节点。

从表面上看，O2O 的关键似乎是网络上的信息发布，因为只有互联网才能把商家信息传播得更快，更远，更广，可以瞬间聚集强大的消费能力。但实际上，O2O 的核心在于在线支付，一旦没有在线支付功能，O2O 中的 online 不过是替他人做嫁衣罢了。以团购为例，如果没有能力提供在线支付，仅凭网购后的自家统计结果去和商家要钱，结果双方无法就实际购买的人数达成精确的统一而陷入纠纷。在线支付不仅是支付本身的完成，是某次消费得以最终形成的唯一标志，更是消费数据唯一可靠的考核标准。尤其是对提供 online 服务的互联网专业公司而言，只有用户在线上完成支付，自身才可能从中获得效益，从而把准确的消费需求信息传递给商业伙伴。无论 B2C，还是 C2C，均是在实现消费者能够在线支付后，才形成了完整的商业形态。而在以提供服务性消费为主，且不以广告收入为盈利模式的 O2O 中，在线支付更是举足轻重。

马斯洛需求层次理论是行为科学范畴的理论 1943 年由美国心理学家 Abraham Harold Maslow 提出。他把需求分成生理需求、安全需求、爱和归属感、尊重和自我实现五个层次，依次由低到高排列。马斯洛认为，假如一个人同时缺少这几样需求，通常对食物的需求是最强的，此时人的意识几乎全被饥饿所占据。在这种情况下，人生的全部意义就是吃，其它都不重要。只有当人的生理需求被满足后，才会出现更层次的需要，如安全的需要。一般情况下，低层次的需要得到满足，就会向更高层次发展，追求更高层次的需要就形成了行为的驱动力。因此，马斯洛需要层次理论也被看做消费者激励理论的一种。

消费者购买决策过程模型由俄州州立大学三位教授提出，这一模型把消费者决策分为几个关键阶段。简单来说，由五个过程组成：问题认知这是消费者决策的第一个环节，始于消费者意识到自己的某种需要。这种需要可能是自发的，也可能来自外界刺激。因此营销者可采取措施适当激发消费者需求。搜寻信息，主要来源于亲朋好友、广告促销、大众媒体及自己过去的使用经验。评价备选方案，这是消费者决策的关键环节，在这一环节中，有三个方面值得重视：一是产品的性能；二是不同消费者不同的关注点；三是与消费者预想的差距。在评价备选方案之后，已经形成了购买意向，但是在购买意向与购买决定之间，还存在两个因素的变数：一是他人意见，二是意外情况。购后评价包括两点：一是满意度，二是评价反馈。满意度取决于与预期时候相符，决定是否重复购买。评价反馈影响他人的购买决策。

6.1 市场营销理论

美国营销专家，劳特朋教授 1990 年提出的，是营销学的经典理论之一，是在传统的 4P 营销理论基础上，此消费者需求为中心，重新归纳了市场营销的四个基本要素：消费者、成本、便利和沟通。4C 理论认为，企业在市场营销过程中应该把顾客满意度放在第一位，还要尽量降低消费者的购买成本，并注意消费者购买过程中的便捷性。因而应该以消费者为中心实施制定营销策略，而不是单纯从企业角度出发。4C 营销理论的内容：瞄准消费者需求，首先，要了解、分析、确定消费者的具体需求，而不是先考虑企业有能力生产什么样的产品；消费者所愿意支付的成本，首先要了解消费者愿意为自己的需求花多少钱，而不是主观给产品定价，强迫消费者接受；消费者的便利性。产品应充分考虑消费者使用的方便快捷，尽可能节省时间成本精力成本；与消费者沟通。沟通就是企业与消费者之间，通过互动交流的方式，不断调整营销方式，使营销满足双方共同利益诉求。4C 理论的优点是准确迎合消费者需求，充分考虑消费者为满足需求所愿意支付的成本及便利性，沟通互动等因素。一对一的定制营销要以市场为出发点，发掘目标客户的个性化需求，以此为基础制定合理的营销策略，实现消费者和企业双赢的局面。"顾客让渡价值"理论是营销大师 Philip Kotler 提出的。这个理论认为，企业应该树立顾客服务和顾客满意的营销理念。游客满意则包括很多因素，需要从多方面加以认知有针对性实施营销工作。价格只是消费者关注的因素之一，消费者更看重的，其实是"顾客让渡价值"。Philip Kotler 认为，"顾客让渡价值"是顾客总价值与顾客总成本之间的差额。顾客在购买产品时，总希望让自己付出的成本尽可能低，而同时希望获得尽可能多的利益。因此，顾客做出消费决策一般从两个方面综合分析，选出 "顾客让渡价值"最高的产品。"顾客让渡价值"理论给营销活动带来了下面几方面的启示：一是顾客支付的不仅是货币成本。顾客总成本概念更加强调服务的价值，完善服务可在不见底价格的情况下降低顾客的非货币成本，给消费者带来价值和满足，并促进销售。二是产品创新增加顾客总价值。产品价值是顾客需求的中心，也是促成购买的关键因素。企业的在营销过程中应仔细分析消费者不同的个性需求，确定细分市场，有针对性地研发产品，从而为顾客提供价值。三是提供服务能增加顾客总价值，人们生活水平的提高带来购买观念的转变，如今消费者在购买商品时，相对于价格，更加注重产品的附加价值。无论产品本身多完美，在后期销售使用过程中都离不开服务的保证。四是提高人员价值能增加顾客总价值。企业的员工技能水平、综合素质高低影响着服务的质量，从而影响顾客购买价值。提高员工素质能够为顾客创造更高价值，进而创造更高的满意度，从而赢得市场。

一个好的市场营销理论应该对各方利益相关者予以同等关注，重新审视传统的顾客让渡价值模型，我们不难发现，它对于供给者，即企业的利益缺乏足够关心。而只有供给双方形成稳定的动态平衡关系，交换才能够进行下去。在这一视角下，有了该理论的修正模型修正的顾客价值模型将"顾客满意度"这一要素作为一种无形资产，纳入到供给者总价值中来。顾客满意仍然是这一理论的核心，由此带来的顾客忠诚也是企业最重要的资产之一，构成供给者总价值。因此，顾客满意的最大化与供给者利润最大化并不矛盾，最终目标是供求双方的共同满意。

在一个特定时期内有旅游欲望和闲暇时间的消费者在各种可能的旅游价格下愿意并能够购买的旅游产品数量。旅游需求包括三方面内容：旅游动机、支付能力、闲暇时间。旅游动机是驱使人们产生旅游行为的内在驱动力，自主、能动的主观愿望，是形成旅游需求的首要的主观条件。人们在进行大多数决策时，发挥作用的动机往往不是一种，而是多种动机共同作用。不同的旅游动机对旅游需求的影响主要表现为旅游形式、出游时间、旅游组织方式和旅游目的地类型选择等方面的差异。旅游动机的形成将会受到个人的心理类型、审美背景和知识框架及年龄、性别、等人口统计因素等主观因素的影响。旅游动机的形成还将受社会历史条件、政治经济状况、生活环境以及旅游信息等客观因素的影响。

旅游支付能力是指在人们的全部收入扣除必须缴纳的税金和必须的生活及社会消费支出后的余额中可能用于旅游消费的货币量，即通常所说的可自由支配收入。可自由支配收入的大小受多种因素的影响：首先，居民所在国或地区的经济社会整体发展水平直接影响着人们的可自由支配收入水平。其次，居民可自由支配收入还与所从事的职业、家庭结构（人口多少、双收入与否）等因素有关。旅游支付能力的高低将影响出游的距离、目的地的选择、旅游方式和等级的选择，最终将影响旅游需求的实现程度。闲暇时间是指人们在日常工作、学习、生活之余及必须的社会活动之外可以自由支配的时间。人们的闲暇时间可分为四种基本类型：每日工作之余的闲暇时间、每周末的闲暇时间、法定长假的闲暇时间和带薪假期。这四种闲暇时间对于形成现实旅游需求有不同的意义。其中，带薪假期是旅游真正走向大众的必要的配套制度。旅游需求的指向性包括旅游需求的时间指向性和旅游需求的地域指向性。旅游需求的时间指向性是指旅游需求在时间上具有较强的季节性。旅游需求的地域指向性是指旅游需求在空间上具有较强的冷热性。旅游需求的整体性是指人们对旅游活动的需求具有多面性或系列性，即行、游、住、食、购、娱等多个方面的需要。旅游需求的敏感性是指人们对出游环境发生变化所做出的敏感反应，这种环境变化既包括政治社会环境，也包括自然经济环境。旅游需求的多样性是指人们在旅游地选择、旅游方式、旅游等级、旅游时间和旅游类型等方面存在的差异性。

根据属性不同，可以把旅游需求分为四类—物性需求、人性需求、神性需求和社会需求。物性需求是旅游中所占分量最大的一块，它满足了人的几乎所有感官的体验，听觉、嗅觉、味觉、触觉，动感体验与静谧体验等等。人性需求主要包含四个方面—情感体验（如蜜月、感伤、孤独、亲情、友情）、科学与智慧体验（如实习、田园生活、科考、智力游戏等）、运动体验（体育、探险、极限挑战等）、商务体验（如拓展、合作、谈判、会务、展览等）。主要是宗教体验。宗教对人的吸引总是特别的，与宗教有关的文化古迹、建筑景观对人的吸引也是独特的。以物性、人性、神性需求作为兰大类别框架，继续细分，我们知道有多少需求，就会有多少游憩方式，而这正是旅游设计的核心问题。社会需求主要包含两方面：一是经济的需求、二是文化的需求。由于旅游产业的兴起会给当地的经济带来不可忽视的作用，很多拥有旅游资源的地方已经开始对此日益重视，作为提高人民生活水平的途径之一。同时，旅游也是最好的宣传本地文化的手段，她以一种潜移默化的形式将当地的形象符号的形式铭记在游客的脑海里，从而提高当地的社会知名度。

6.2 全域旅游 O2O 营销模型构建

现代营销学之父对营销的定义是在创造、沟通、传播和交换产品中，为顾客，客户，合作伙伴以及整个社会带来价值的一系列活动，过程和体系。从这个定义来看，营销的核心就是两个实体之间的价值交换。对于旅游目的地来说，目的地营销是目的地与消费者之间的价值传递。在营销中之所以强调消费者行为，是因为只有在了解消费者行为之后才有可能创造为消费者创造价值，也就是说创造顾客价值。挖掘全域旅游目的地游客需求，利用消费者行为、市场营销和旅游需求理论，结合对游记的分析，建立指标评价体系，为目的地网络 O2O 营销模式构建提供理论依据。为保证样本的真实性和研究的规范性，笔者剔除了商家（如旅行社、景区等）发布的游记，选取对游客旅游体验有亲身经历和感受等具体记述的文章。剔除非旅游者亲身经历的游记；剔除只有照片和视频的游记；将同一游客的系列游记进行合并；剔除未完成游记，最后得到样本 61 篇。游记分析的结果将分别应用于营销模型构建与营销模型应用当中。旅游者行为模式三阶段解构通过对 61 篇游记的逐篇通读，结合消费者购买决策过程模型，对旅游者行为模式分游前、游中、游后三阶段分别阐释。

旅游前，第一轮信息搜索。在旅游前很多时候旅游者对目的地并不明确，此时旅游者只是需要被激活并产生了旅游动机，这时进入第一轮信息搜索。此时目的地的营销会引起旅游者注意，引发兴趣，产生明确的目的地指向。他人推荐也是一个重要的影响因素，例如朋友圈看到的旅行照片，朋友分享的游记和旅行趣闻甚至当地的特色小吃，都会影响旅游者的目的地选择。旅游者的个人偏好和客观限定条件（假期长短、预算、同行者等）也都是影响第一轮信息搜索的主要内容。此时旅游者可能有了若干个初步可以选择的目的地，接下来进入第二轮信息搜索。第二轮信息搜索。在这一过程中，旅游者针对若干初选目的地逐一进行广泛的信息比对。此时各种在线旅游网站、攻略网站等是主要途径。传统的旅游者会找到旅行社，通过宣传册和销售人员被动了解目的地信息。大多数的旅行者尤其是年轻旅行者会通过新媒体，更加主动地获取不同目的地的信息，并进行比对。这一过程中，目的地的品牌形象、资源特色、促销活动以及目的地口碑信息对旅游者选择将产生主要影响。此轮信息搜索的目标是评估可选方案，并确定出游的目的地。第三轮信息搜索。经过前两轮的搜索，旅游者将作出旅游决策。自助游已经成为越来越多旅游者的选择，而自助游方式将需要新一轮的信息搜索。此时旅游者需要详细的目的地信息来制定旅游计划。此时的目的地信息囊括"吃、住、行、游、购、娱"各个方面。获得目的地信息的丰富程度，直接影像旅游者的旅行深度。由于产品的无形性和消费体验的滞后性，旅游者对旅游商的选择格外看重，此时，旅游目的地认证和推荐就十分重要，往往成为旅游者做出决策的关键依据之一。

在这一阶段，无论是跟团游还是自助游游客都会面临一系列旅游决策。例如与旅游者基本生活相关的决策：在哪里就餐、乘坐什么交通工具，可凭习惯和经验决定。还有一些决策则更麻烦，可能需要新一轮信息搜索。由于身处异地，这一阶段的信息搜集并不方便，与当地旅游接待者交流，网上订购旅游商品，拨打售后电话，或者化用微博等新媒体都是游记中旅游者提到的信息搜集义式。

随着智能手机的普义应用，旅游者有了更多选择权，伴随着信息搜索安为的是一系列的决策行为：是否调整行程安排；是否增加新的固标景点；是否参加当地一日游旅团；对住宿条件是否满意，是否需要调换；是否按照网上的推荐购买特色商品，尝试特色饮食等等。

旅游者结束行程回到家之后，会对旅游全程进行总结和评价，还会与他人分享。不满意的评价可能导致投诉发生，投诉内容也可以帮助目的地营销者调整自己的营销工作。旅游者的信息分享行为直接影响旅游目的地的口碑，进而影响其他旅行者行为。

全域旅游目的地 O2O 营销模型要素辨析，旅游者与一般消费者在消费行为和决策上既有相同点，又有不同点。游前、游中、游后三阶段是旅游消费与一般消费行为过程的主要区别。与顾客让渡价值模型一样，全域旅游目的地 O2O 营销模型也有几个关键要素，为了辨别这些关键要素，根据提取到的高频特征词，通过定位查找的方式，在游记原文中找到与关键词相关的游客需求。

6.3 全域旅游 O2O 营销方案建议

全域旅游目的地 O2O 营销的方式选择以官网为突破口。旅游目的地营销系统是旅游目的地互联网为平台、由政府主导、企业参与建设的一种旅游信息化应用系统。通过 DMS，政府可面向公众建立权威的旅游目的地信息网，提供准确、及时的旅游信息服务；同时面向企业建立公共电子商务服务平台，提供预订、网络宣传等服务。由政府主导的目的地营销系统，多采用线下资源＋线上平台型O2O模式。这一模式中，线下多为资源主管单位或资源拥有方，如旅游局，也有个别景区、目的地或掌握自的地资源方与线上OTA平台对接，线上接近或掌控线下目的地资源为目的，双方进行O2O尝试或融合。

现在线上旅游总体趋势是越来越靠近目的地，纷纷成立的"目的地事业部"、"目的地营销部"。然而从目前来看，线上旅游的"目的地事业部"更像是"地面联络部"，旅游组合产品的目的地包装和组合方式还欠火候；线上旅游运营商的单要素产品和目的地结合是浅层次的，对目的地线上线下整体互动推动不大，对目的地整体营销的作用是有限的；除自建线上平台外，线上线下双方体制机制差别巨大，合作恐流于形式，政绩思维、面子工程影响难以实际落地，融合未必有效。旅游目的地官网集成了旅游信息服务、电子商务、电子政务等诸多功能，是DMS的主要口户和外在表现之一，也是旅游目的地网络营销的重要平台。对旅游目的地主管单位来说，对官网进行提升，打造独立线上平台，是目的地O2O营销的有效方式之一。退一步说，即使目的地旅游局自身能力不足，选择与百度直达号等大型互联网平台联合打造O2O营销平台，目的地旅游局也应具有成体系的O2O营销理念，从而相互协同，达到营销目标。选取北京旅游网为例，以其现有网站为基础，对官方O2O营销平台的建设提出建议。

自申办2008年奥运会成功后，北京的城市形象宣传片可谓无处不在。北京市请来知名导演张艺谋大手笔、全方位地拍摄了北京城市形象片，北京悠久的历史、丰富的文化内涵、大气磅礴的风光展现在全世界面前。通过系列城市形象片的传播北京城市文化的衣食住行各个方面都被涵盖到。其中,北京旅游网由北京市旅游发展委员会主导,由搜狐网参与运营建设。北京旅游委将营销、广告等的经营权在一定期限内授予搜狐网,由搜狐网负责网站的整体运营。在运营过程中,再选择一家或多家公司进行专项运营。目前北京旅游网的网上商城由牛牛旅游网运营。目前网站包含旅游咨询资讯、机票酒店预订、社区互动三个板块,其中咨询和游客投诉是社区版块的子版块。网站使用中文、英文、日文等九个语种,与政务口户网站一起,组成政府网上旅游服务体系。全域旅游模式阶段,"游客满意度"是市场秩序好坏的指标,市场秩序的好坏决定了一个地方旅游业发展的可持续,决定了旅游业的竞争力。这个竞争力则依赖于旅游市场秩序是否规范有安,要靠全域治理、全域提升来塑造。目的地游客满意度与目的地产品供给者的顾客忠诚紧密相连,顾客利益最大化与供给者利润最大化并不矛盾,只安对旅游者的行为和需求了解清晰认识准确,才能制定化确的营销策略。因此,间的地 O2O 营销方案的制定要首先体现游客为中心的理念。当前中国的旅游目的地营销最缺乏的是整合。送种整合并不是尽多地使用各种媒体和渠道,而是要围绕一个核心,持续地发力。否则,零散的普销行动难以形成累积效化,而整合普销的核心,应该是旅游目的地品牌的旅游向地整合背销的前期是要有一个游客导向的品牌定位,要向游客表达、与游客对话、建立游客认知。

北京旅游网作为北京旅游发展委员会的官方营销平台,掌握着北京旅游的诸多线下资源。官方网站只是旅游 O2O 的线上线下互动格局下的一个组成部分,国内旅游行业在不断调整变化,线上平台整合线下资源和企业，线下企业也收购兼并线上平台。与其他平台实现资源互补、互利共赢，必须具备整合营销的方法理念。在全域旅游背景下，目的地营销面对的旅游者有着复杂的个性化需求，因此也形成了多样化的目标市场。数据分析尤其是大数据分析是目的地网络营销的前提，许多线上旅游运营商提供旅游大数据分析为切入点，以期在目的地营销领域与旅游局达成合作。目的地更关注的旅游者目的地消费行为分析数据比如关联预订数据。目前目的地旅游局掌握的相关部口的涉及旅大数据也越来越多，如果把运营商的目的地消费行为数据和旅游局的数据资源结合分析，不但能够得到目的地网络营销的数据分析，更重要的是可以研究出更多更有效的合作营销模式来。

中国的城市旅游形象定位和宣传口号设计还大有提升空间。一方面，中国很多旅游目的地开发了很多旅游产品和项目，推广的时候却没有整合性和一致性。今天打一个口号、过一段又换了，一段时间推广山水观光、过一段又换成文化旅游。这样很难起到持续的效果，甚至可能造成该目的地形象的海乱。究其原因，是旅游目的地的营销工作零散、失焦，缺乏品牌统领。也就是说，品牌营销要打造鲜明的目的地形象。北京旅游网作为政府官方网站，用户对其形象的认可度比较高。在百度搜索"北京旅游网"，排名第二位，也比较靠前。然而网站的界面设计并没有突出北京的城市形象，缺少主题性，在旅游者总的知名度也比较低。因此，北京开展目的地营销应突出自身文化特色，通过明确城市旅游形象定位；设计令人印象深刻的宣传口号；定期开展具有本地特色的主题旅游等方式打造鲜明的目的地形象。

扩充个性化产品线，开展主题旅游，旅游目的地网络营销系统应提供满足旅游者在目的地旅行过程中的各种需求的产品，从而形成旅游 O2O 的生态闭环。在吃住行游购娱六要素中，吃住行基本可以由大众点评网、携程网、滴滴打车等专业网站或 APP 满足，而游购娱环节，是北京旅游网的优势和机会所在。北京因特殊的历史地位，人文景点众多。几乎所有外地游客都有听解说的需求，政府也已经意识到了这一问题，开发了游北京 APP，但是知名度不高，下载不便，使用效果也有待检验。因此应对电子导游功能进一步提高重视，使其真正发挥其作用。作为全域旅游目的地，旅游者的目的地不只是知名的景区景点，还有大街小巷的隐藏景点、小店、老字号等等，建立 O2O 平台，应将所有旅游要素都纳入这一平台中来，在线旅游产品不只有门票，还应包括自行车租赁、临时公交卡购买、官方明信片邮寄、老字号商品线上购买线下提货等等。北京旅游网应充分利用其信息齐全、可信度高的优势，完善在线支付功能，将自己打造成各种知名旅游品牌的官方电商平台，既方便游客买到"真货"，又增加自己与潜在顾客接触的机会。主题旅游是整合各种旅游产品的有效方式。此外，在旅游目的地 O2O 营销中，个性化的营销服务需求十分突出。而 CRM 在旅游目的地营销系统中显示其独特的不可替代的优势。它不仅可以利用整合的信息资源，对目标客户进行细分，根据客户的类别，为其定制不同的营销信息，为客户提供便捷、迅速、互动的个性化服务；并可以利用数据分类系统，找出旅游目的地 VIP 客户，制定出营销计划，给予最优质的服务。而且 CRM 系统还可对客户的信息进一步进行分析，并尽可能多了解客户的偏好和需求，便在最恰当的时候为客户提供更个性化、更适宜的服务。

优化旅游产业供应链，整顿线下市场，在旅游产业发展中应充分注重产业间协同发展，注重整体性、系统性发展的思维方式能够充分调动不同产业的发展，不仅仅因为"短板效应"将影响到游客的体验，这种整体质量是旅游业可持续发展的重要因素。旅游 O2O 链条中门票短板，是政府旅游网进行 O2O 营销的战略入口。省级目的地营销系统将侧重在基础性、关联性和公共服务性系统的开发述设，如统一标准化开发全省旅游景区电子门票营销系统等。在这个过程中，旅游管理机构化要重考虑如何把各级旅游管理机构尤其是线下旅游企业纳入到线上乡下站动 O2O。例如山东省旅游景区电子门票营销系统整介入 100 多家省内 4A、5A 景区，设置了统一的电子门票验票设备。具体来说，将景点票尽可能多地拿到网上售卖，并给予一定折扣，同时线下取票环节也应予重视。国内景区的同质化严重，售卖商品毫无地方特色，商品信息不透明，想买不敢买，黑导游、黑车、黑旅行团广泛存在，旅游各环节的体验都存在巨大的改进空间，而线下服务部分是线上无法取代的，这也是为什么旅游必须走向 O2O 的重要原因之一。如果景区无法设计并执行线下服务的细节，旅游的本质就失去了一大半，O2O 能做的就是对线下服务细节的展示和透明化及通过点评等机制。线下认真提升服务环节，滴滴打车，应充分利用游客的点评互动功能，将导游服务、景区接泊车、一日游旅行团等在线化、透明化，让北京的全域旅游环境更加纯净。完善管理体系，构建统一的营销模型，全域旅游的 O2O 营销由目的地政府主导，包括省市旅游局和区县旅游局。其中省市旅游局着眼于整个地区的旅游业发展，包括建设旅游目的地公共产品、整合众多利益相关者共同开展目的地营销活动。省市旅游局构建统一的 O2O 营销模型，建立游客导向的品牌定位，通过提供相应的营销服务，吸引区县旅游局参与。各级旅游局之间既相互独立，又相互协作支持，形成高效的旅游管理体系。

参考文献

[1]师守祥. 旅游"十二五"规划应突破产业规划模式[J]. 旅游学刊，2010，（3）.

[2]蒋云祖. 试论大千岛湖旅游与千岛湖大旅游[J]. 旅游研究与实践，1994，（3）：43—45.

[3]张慰冰. 关于无锡发展大旅游的新构想[J]. 江南论坛，1994，（5）.

[4]乔力，李茂民等. "大旅游"概念与21世纪旅游业的发展[J]. 山东社会科学，2000，（5）：40—43.

[5]熊清华，田里等. 论旅游、大旅游及云南旅游产业的发展[J]. 云南社会科学，1996，（4）：9—15.

[6]赵荣，李宝祥. 论大旅游与西安市旅游业再发展[J]. 经济地理，1999，19（4）：100—101.

[7]杨铭德. 论广西的大旅游发展战略[J]. 重庆商学院学报，2000，（6）：29—31.

[8]黄瑾如，董洁霜. 以"大旅游"战略格局发展桐庐旅游业[J]. 浙江大学学报（理学版），2000，27（1）：75—78.

[9]马惠娣. 大旅游视野中的休闲产业[J]. 杭州师范学院学报（社会科学版），2003，（2）：39—43.

[10]任少华，袁勇志，华冬萍等. 关于发展苏州大旅游的思考[J]. 社会科学家，2004，（6）：100—103.

[11]沈中印，孙冬英. 论九江发展大旅游的产业互动与整合[J]. 商场现代化，2006，（482）：244—245.

[12]徐琳，董锁成等. 大旅游产业及其发展的影响和效益——以甘肃省为例[J]. 地理研究，2007，26（2）：414—423.

[13]严伟. "大旅游"产业理论及其实践研究[J]. 改革与战略，2009，25（2）.

[14]刘洁. 杭州大旅游产业集群概况分析究[J]. 财经界（学术版），2010，（1）：50.

[15]李志勇. 推进"大旅游"工程，打造战略性支柱产业[J]. 中共南宁市委党校学报，2010，（2）.

[16]马勇，董观志. 武汉大旅游圈的构建与发展模式研究[J]. 经济地理，1996，16（2）：99—104.

[17]李建军，陈清. 建立一个大旅游体系——番禺旅游发展规划的思考[J]. 华南建设学院西院学报，1999，7（3）：42—47.

[18]张多中. "大旅游"理念下深圳旅游发展探讨[J]. 深圳大学学报（人文社会科学版）2004，21（5）：17—21.

[19]侯晓丽，董锁成等. 旅游规划整合—对"大旅游"内涵的再认识[J]. 旅游学刊，2005，20：43—50.

[20]刘元晨，杨秀丽. 构造大旅游圈的理论基础及现实意义——构造辽宁中部城市大旅游圈的理性思考[J]. 理论界，2005：61—62.

[21]田永红. 构建武陵大旅游，促进经济大发展[J]. 同仁职业技术学院学报（社会科学版），2008，6（1）：1—5.

[22]陈耀. 坚持旅游规划创新，推进"大旅游"统筹发展[J]. 旅游学刊，2010，（3）：7—8.

[23]王金红. 案例研究法及其相关学术规范[J]. 同济大学学报（社会科学版），2007，18（3）：88—90.

[24]申葆嘉. 论旅游学的研究对象与范围[J]. 桂林旅游高等专科学校学报，1999，10

（3）：5—8.

[25]王德刚．旅游权利论[J]．旅游科学，2009，（4）．

[26]谢彦君．论旅游的本质与特征[J]．旅游学刊，1998，（4）．

[27]王健．旅游的基本属性及其对旅游社会关系和旅游立法的影响[J]．旅游学刊，2009，24（3）．

[28]莫少群．20世纪西方"消费社会"研究综述[J]．淮阴师范学院学报（哲学社会科学版），2005，28：183—188.

[29]万光侠．人的存在方式的哲学阐释[J]．济南大学学报，2005，15（5）：24—29.

[30]韩庆祥．人的全面发展理论及其当代意义[J]．科学社会主义，2004，（1）：35—40.

[31]叶初升．发展经济学的逻辑演变与中国经济发展的实践进程[J]．中州学刊，2001，（1）：4—9.

[32]郭熙保．发展经济学评述[J]．经济学动态，2000，（4）：67—70.

[33]胡苏娜．长三角区域经济发展的"回浪效应"与"扩散效应"研究[D]．合肥：合肥工业大学，2006.

[34]张敦富．区域经济学原理[M]．北京：中国轻工业出版社，2001.

[35]阳昌寿．区域主导产业理论与实证研究[D]．成都：西南财经大学，2001.

[36]程大涛．基于共生理论的企业集群组织研究[D]．杭州：浙江大学，2003.

[37]何小东．中国区域旅游合作研究[D]．上海：华东师范大学，2008.

[38]秦学．旅游业跨区域联合发展的理论与实证研究——机理、模式与协调机制[D]．上海：华东师范大学，2004.